台球技法解析

刘明亮　尹钊　编著
吕佩　传授

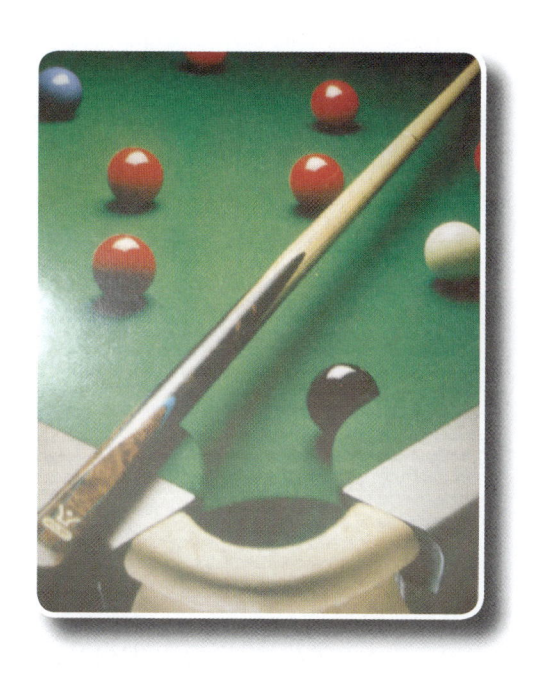

人民体育出版社

图书在版编目（CIP）数据

台球技法解析 / 刘明亮, 尹钊编著；吕佩传授. --北京：人民体育出版社, 2018（2023.5重印）
ISBN 978-7-5009-5363-0

Ⅰ.①台… Ⅱ.①刘… ②尹… ③吕… Ⅲ.①台球—基本知识 Ⅳ.①G893

中国版本图书馆CIP数据核字(2018)第107357号

*

人民体育出版社出版发行
北京中科印刷有限公司印刷
新 华 书 店 经 销
*
880×1230　32开本　7.25印张　168千字
2018年9月第1版　2023年5月第4次印刷
印数：5,501—7,000册
*
ISBN 978-7-5009-5363-0
定价：38.00元

社址：北京市东城区体育馆路8号（天坛公园东门）
电话：67151482（发行部）　　邮编：100061
传真：67151483　　　　　　　邮购：67118491
网址：http://www.psphpress.com
（购买本社图书，如遇有缺损页可与邮购部联系）

序

对于一位从事国际关系研究的学者来说，给一本关于台球技术的书作序难免班门弄斧之嫌。只是好友力邀难辞，总要动笔写上几句，于是给自己找了一个很牵强的理由：台球起源于欧洲，后来风靡世界，是一项国际化程度很高的体育运动。

说到台球，人们总会联想起一个词——"绅士运动"。据说台球是与网球、高尔夫、保龄球并列的世界四大绅士运动——此说真伪，我没有考据。但说台球是"绅士运动"，我一直是确信的。所谓"绅士运动"，强调的就是这项运动与生俱来的高雅气质。早在14世纪，台球在英国兴盛起来不久，贵族们就为这项运动制定了近乎严苛的仪轨。例如打球时不得大声说话、不得随意走动、不得挥舞球杆、球手击球时其他人不得发出声响、不能在球手对面晃动、对手打出好球应致意……后来还有了禁烟的规定。虽然关于台球的起源众说纷纭，但我始终认为现代台球运动一定与英国有着非常密切的关系，这一方面是因为英国是一个长于制定规矩的国度，许多现代体育运动的规则都出于英伦；另一方面则是因为台球礼仪中有许多英国文化基因，比如着装规范、拍案致意等。正是由于台球运动这种与生俱来的气质，让我产生了通过推广台球运动、促进学生知礼修德的想法，并在国际关系学院的体育教学中进行了实践，刘明亮、尹钊两位老师就是这个想法的积极响应者和践行者。

刘明亮、尹钊两位老师是我的同事、多年好友，在我们二三十年的交往中，体育运动一直是重要的纽带。我们都是体育运动的忠实爱好者，在不同的赛场上或并肩奋战，或相对成局，其中就包括台球。在两位老师的积极推动下，我校于2004年成立了台球协会，尹钊老师担任会长，2006年我接任会长至今。十多年间，我们每年举办学生、教工台球赛，还组队外出参加高校和机关的台球比赛，战绩可谓斩获颇丰。在体美部领导的支持和帮助下，2011年，刘明亮老师开设了台球课，成为学生的"热门课"，在"选课大战"中常被"秒杀"。十多年来，我们精心营造良好的台球文化，台球室里高挂着"静、敬、精"的训词，球星照片、技术图解、比赛成绩成为一道熟悉的风景线，一本名叫《小球大世界》的会刊提升了以球会友的层次。2013年，刘明亮老师出版了第一部关于台球的专著《花样台球百例技法分析》，为我们共同努力的事业添上了一个有分量的注脚。

我一直觉得把爱好变成事业是一种难得的幸福。世上万事，乐之则成。刘明亮、尹钊老师的新作《台球技法分析》即将出版，我强烈地感受到喜悦！2005年4月，在去地方挂职锻炼前夕，我曾以台球为题写了一首诗赠予球友：

> 丈八球台苦练勤，
> 绅士胜己文质彬。
> 十年雕得手中木，
> 为有良材百年心。

如今，我即将再次出发，离开熟悉的学校前往脱贫攻坚的主战场。出发前应邀写个书序，居然又是关于台球，不知道这样的巧合是否算得上我与台球这点事儿的特殊缘分？

就以此为序吧！

国际关系学院副校长　孙志明博士
2018年3月21日

前　言

　　2010年，一个偶然的机会，我有幸认识了吕佩先生，因为都喜欢台球，我们很快就成了忘年好友。老先生总喜欢称我为"明亮小老弟"，但我一直尊称他为"吕老"，因为，单单从年龄上讲，他老人家比我父亲还大了不少，更何况吕老的台球理论确实有独到之处，值得敬重。

　　吕老的专业是研究导弹轨道的，退休后将弹道理论融会贯通于自己的爱好——台球运动中，出版了近十本台球理论书籍，是国内出版台球理论书籍最多的业余台球理论专家。

　　吕老非常愿意把自己的研究成果分享给年轻人。2013年10月在吕老的提携下，我们共同出版了《花样台球百例技法分析》，使我的台球理论知识体系有了飞跃式的进步。吕老还经常公益性地在国际关系学院台球协会或台球课上讲解他的三库解球技巧、平行线理论和对称点理论等台球理论知识，令我和我的学生受益良多。

　　时光如梭，人生苦短。2016年吕老因病仙逝，留给我的是无尽的怀念。

　　为了纪念我和吕老之间的师生情谊，我花费了两年的时间整理这本书。这本书以吕老十几年前出版的《台球技法练习图解》为基础，将台球技法基本理论及初级、中级、高级技法更加丰富细化并深入全面解析，利用电脑技术重新制作图示、标明台球运行轨迹，以使读者更加清晰地理解和掌握台球运动的技法和原理，为广大台球爱好者提供科学可行的台球理论参考和指导。

天道酬勤，厚德载物。在国际关系学院领导和朋友们的大力支持与帮助下，这本《台球技法解析》终于成稿并付梓在即，值此时刻，满怀感激，感谢吕老的知遇和提携，感谢所有提供帮助的人们！

谨以此书作为献给吕老的一份礼物，略表我的感恩之情！

刘明亮

2018年1月11日

目　录

第一章　台球技法练习基础……………………………（1）

一、规范姿势…………………………………………（2）

（一）标准站立姿势与击球姿势……………………（3）

（二）容易出现的问题………………………………（4）

二、击球要领…………………………………………（4）

（一）握杆……………………………………………（5）

（二）球架……………………………………………（6）

（三）运杆……………………………………………（14）

三、控制旋转…………………………………………（16）

（一）台球的旋转区…………………………………（17）

（二）台球的旋转轴…………………………………（19）

（三）旋转球的分类和命名…………………………（21）

（四）旋转球的样式…………………………………（21）

（五）台球旋转的分类………………………………（23）

（六）台球旋转的性质………………………………（24）

（七）台球旋转的应用………………………………（30）

四、瞄准诀窍……………………………………（41）

　（一）判断自己的主视眼………………………（41）

　（二）空间主球位置设定………………………（43）

　（三）三点瞄准法（或倍角瞄准法）…………（45）

　（四）特殊角瞄准法……………………………（45）

五、台球器材应用及其他…………………………（46）

　（一）台球桌……………………………………（46）

　（二）台球………………………………………（47）

　（三）球杆………………………………………（49）

　（四）力度分级…………………………………（50）

　（五）关于静电效应……………………………（51）

第二章　初级技法……………………………（53）

一、稳定性练习……………………………………（54）

　（一）横向空岸…………………………………（54）

　（二）纵向空岸…………………………………（55）

二、高杆杆法练习…………………………………（56）

　（一）力度与跟进距离…………………………（56）

　（二）高杆走向控制……………………………（57）

　（三）远距纵向跟球……………………………（58）

　（四）高杆对贴岸球效应………………………（59）

2

（五）高杆与推杆的区别……………………………（60）

三、低杆杆法练习……………………………………（60）

　　（一）低杆力度与回缩距离的关系………………（60）

　　（二）远、中距低杆练习…………………………（62）

　　（三）贴球低杆效应………………………………（62）

　　（四）低杆反弹……………………………………（63）

　　（五）缩球双击……………………………………（64）

四、定杆杆法练习……………………………………（65）

　　（一）彩球旁定位练习……………………………（66）

　　（二）近距定位练习………………………………（66）

　　（三）中、远距角袋口定位练习…………………（67）

五、旋转球练习（竖轴）……………………………（68）

　　（一）远距单向和双向旋转练习…………………（69）

　　（二）近距旋转练习………………………………（70）

　　（三）斜向近距旋转练习…………………………（71）

　　（四）弧线球练习…………………………………（74）

　　（五）竖棒球练习…………………………………（75）

　　（六）双球碰岸旋转练习…………………………（77）

六、入袋练习…………………………………………（80）

　　（一）开球线直线入袋练习………………………（80）

　　（二）贴岸球入袋练习……………………………（81）

　　（三）贴岸、后斯诺克入袋练习…………………（81）

3

（四）腰袋口入袋练习……………………………（82）

（五）角袋口入袋练习……………………………（85）

（六）低分球入腰袋练习…………………………（87）

（七）五分球入袋练习……………………………（87）

（八）六分球入袋练习……………………………（90）

（九）七分球入袋练习……………………………（90）

（十）薄切球练习…………………………………（91）

（十一）贴边球入袋练习…………………………（92）

第三章　中级技法……………………………（97）

一、反弹球技法练习………………………………（98）

（一）目标球贴岸反弹……………………………（98）

（二）目标球离岸反弹……………………………（100）

（三）黄金反弹球…………………………………（101）

（四）S形两库反弹………………………………（102）

（五）M形三库反弹………………………………（103）

二、倒顶球技法练习………………………………（104）

（一）近距倒顶球入袋……………………………（104）

（二）中距倒顶球入袋……………………………（106）

（三）远距倒顶球造障碍…………………………（106）

（四）半台两库顶球………………………………（107）

（五）远距三库顶球………………………………（108）

三、借力球技法练习……………………（109）
　　（一）远距借力球………………………（109）
　　（二）贴球垂直借力……………………（109）
　　（三）三角形借力球……………………（110）

四、组合球技法练习……………………（111）
　　（一）紧贴组合球………………………（111）
　　（二）未紧贴组合球……………………（112）
　　（三）多球组合…………………………（112）

五、撞堆与踢球练习……………………（115）
　　（一）撞堆技法练习……………………（115）
　　（二）踢球技法练习……………………（118）

第四章　高级技法……………………（123）

一、安全球………………………………（124）
　　（一）安全球的定义……………………（125）
　　（二）安全球的运用……………………（125）

二、障碍球………………………………（131）
　　（一）障碍球的定义……………………（131）
　　（二）造障时机…………………………（132）
　　（三）造障技法…………………………（137）

三、怎样解斯诺克………………………（148）
　　（一）斯诺克解球新理论………………（148）

（二）上下岸反弹解球的有趣几何现象——
　　　N倍对称点 …………………………（161）
（三）按球路比例关系上下岸反弹解球………（165）
（四）利用斯诺克解球体系应该注意的问题…（173）

四、走位技法练习……………………………（175）
（一）跟进走位练习 …………………………（176）
（二）低杆走位练习 …………………………（177）
（三）左红色球、右低分球走位练习 ………（177）
（四）四角红色球、中间蓝色球走位练习……（178）
（五）横向一红一蓝综合练习 ………………（179）
（六）横向一红一粉走位练习 ………………（180）
（七）纵向一红一粉走位练习 ………………（180）
（八）粉色球旁有十字红色球串走位练习……（181）
（九）黑色球两旁十字红色球串走位练习……（182）
（十）黑色球和粉色球两旁双十字红色球串走位练习
　　　…………………………………………（182）
（十一）主球对黑色球的基本走位练习………（183）

五、清盘练习……………………………………（184）
（一）斯诺克的清盘练习 ……………………（185）
（二）中式台球的清盘练习 …………………（192）

六、跳球…………………………………………（194）
（一）跳球步骤 ………………………………（194）

（二）跳球的特例……………………………（196）

　七、组合球与贴边球……………………………（197）

　　（一）组合球……………………………………（197）

　　（二）贴边球……………………………………（198）

第五章　花式台球基本技法……………………（199）

　一、串球的传递特性……………………………（200）

　二、串球的旋转传递特性………………………（202）

　三、台球桌赋予球的弹跳特性…………………（205）

　四、球杆的导向特性……………………………（207）

　五、台球的特殊角度特性………………………（209）

第一章
台球技法练习基础

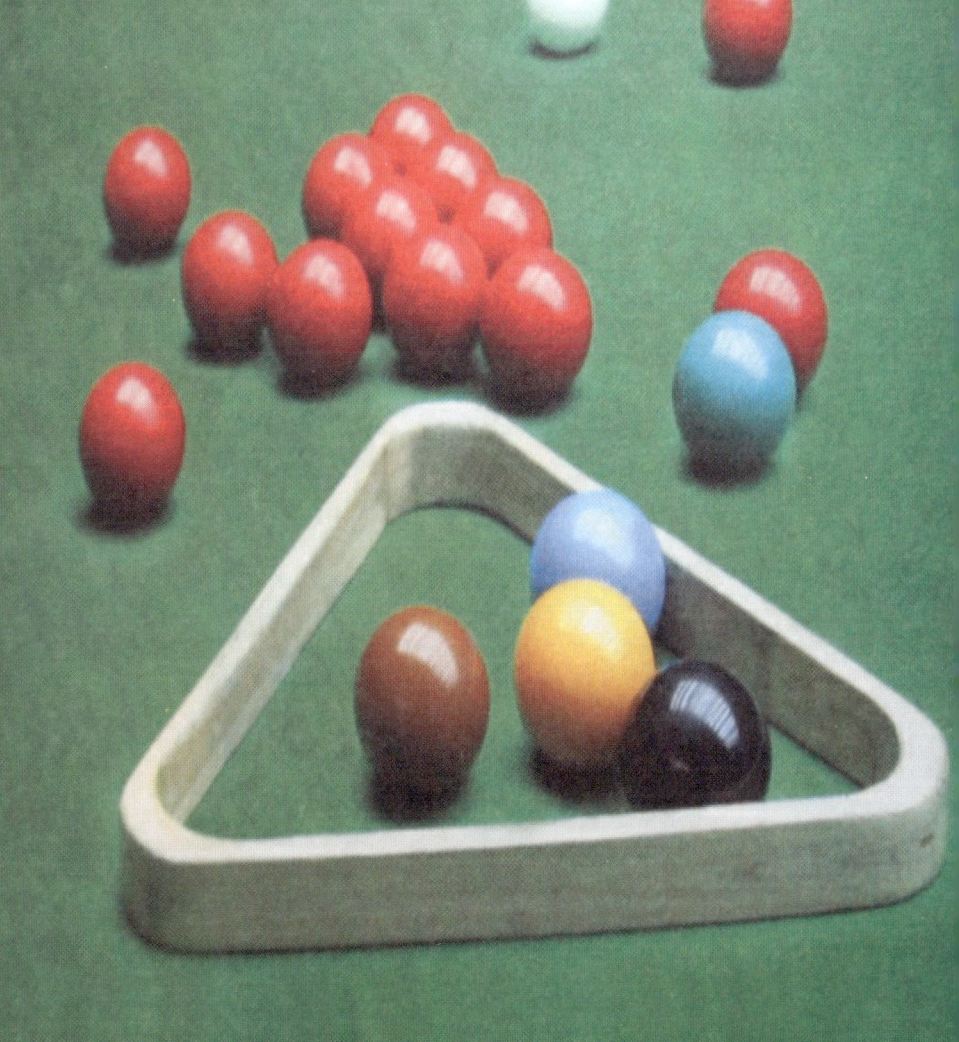

很多台球书籍上称台球运动是绅士运动，是一种数学与力学相结合的运动，是力与美与智的结合，要考虑力的角度分解与传递的融合，包含了很多科学的内涵和严格的行为规范。

台球作为一项群众性强、范围广的运动，参与人员众多，但想提高台球运动水平，必须遵循台球技术的规范要求和强化基本素质训练。

一、规范姿势

姿势主要是指球员的站立姿势和击球姿势，对初学者或有一定实力的台球爱好者，以及高水平运动员来说都是非常重要的。我们在电视上看到的世界高手们，他们的姿势都是非常标准的，姿势最标准的当属史蒂夫·戴维斯和斯蒂芬·亨特利。正确的姿势不仅有利于击出好球，也满足了观众的观赏要求。当然打球时既有常用的常规击球姿势（图1-1），也有如跳杆、扎杆等非常规姿势（图1-2）。

图1-1　常规击球姿势

图1-2　非常规击球姿势

（一）标准站立姿势与击球姿势

在站立姿势方面，由于每人的高矮、胖瘦及年龄等条件的不同，习惯使用的眼睛情况不同，原则上是按照自然、舒适为宜。

中式台球标准的站立姿势基本要求与斯诺克台球姿势大致相同（九球与斯诺克的姿势略有不同），是右手（左手）持杆，面向台球桌上的主球与目标球连线的方向取立正姿势，然后左脚向左斜前方跨出半步（约40厘米），左膝微屈，右膝挺直，上身向前弯腰，最好能将下颌贴到球杆，左右脚尖的朝向夹角为45°～70°，面部中心线在球杆的上方，左臂前伸微屈，左手五指散开压在台呢上，大拇指贴在食指右侧形成一个V字形，便于架住球杆。右手握在球杆重心后侧处，前臂垂直于地面并垂直于球杆，四指弯曲轻轻托住球杆，保持球杆稳定在左手的V形沟槽中，从手架到两脚位置形成一个重心稳定的击球姿势（图1-3）。

图1-3 标准击球姿势

架杆的左手距离主球的距离一般为20~30厘米，太远容易影响准确度，太近则运杆条件不好，会影响击球的发力。

（二）容易出现的问题

在站立姿势和击球运动方面容易出现的问题有：（1）两脚左右平行，上身前屈时，弓背弓腰，重心不稳；（2）五指散开平铺未形成V形；（3）左手手架离主球太远（或太近）；（4）握杆太紧；（5）球杆在V形口中上下或左右晃动，稳定性差等。

二、击球要领

台球比赛的目的是将球击入袋中而取胜，因此对击球的原则要求是使球杆对瞄准方向进行平稳、顺直的前后运动，不要左右摆动或上下晃动。初学者运杆击球时常见错误有：第一，不注意击球的动作要领；第二，握杆、手架不符合要领；第三，运杆与出杆动作不连贯，运杆节奏不好，太快、太慢或忽快忽慢。

（一）握杆

台球运动员是通过球杆将台球击入球袋的，所以正确握杆就十分重要。一般球杆的重心在离球杆尾部1/3～1/4处，按照物理学原理，应用五指握住球杆的重心偏后处，这样才能保持球杆稳定。握杆前臂应与球杆垂直，以肘关节为固定点，前后摆动如同钟摆，防止上下或者左右晃动。握杆不要过紧，虎口必须紧贴球杆，并施加一定下压力，以增强出杆的稳定性。特别要注意在往后拉杆和准备出杆时，无名指和小指应适当放松，不要影响杆的运动（图1-4～图1-7）。

图1-4 握杆前臂垂直于球杆

图1-5 拉杆时小指和无名指放松

图1-6 出杆时手一般不超过胸部

图1-7 握杆后臂的钟摆运动

（二）球架

手架和架杆是台球运动中很重要的依托，不同的击球姿势要用不同的手架，以保证球杆的正常运作。有些人不太注意手架的作用，手指随意平铺在台面上，球杆在手架上运杆很不稳定，就容易发生误差。

1. 手架

根据个人习惯和主球位置可采取不同的手架，下面介绍四种常用的手架。

（1）V形手架：这是在中式台球和斯诺克台球中最常见的手架，具体操作方法是：手掌平伸，五指尽量分开，手心向下按在台面上，形成一个稳定杆架基础；然后掌心稍微隆起，食指回收与拇指贴紧并翘起,食指与拇指之间出现一个V形凹槽,球杆可以在凹槽中前后滑动(图1-8)。根据主球击点高低调整手掌隆起的高度,有低杆、中杆和高杆三种手架高度(图1-9~图1-11)。

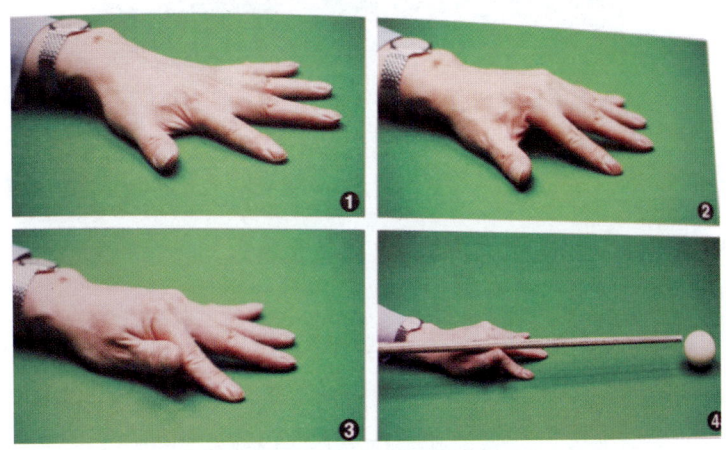

图1-8 V形手架操作步骤

图1-9 中杆手架适用于主球中部击点

图1-10 高杆手架适用于主球高部击点

图1-11　低杆手架适用于主球底部击点

需要特别提醒的是，有的初学者往往对不同击点采用不变的一种手架高度，这样球杆就不能保持平直运动，容易发生误差，如滑杆或跳球等。

（2）凤眼式杆架：有的初学者不习惯V形手架，可以采用凤眼式手架形式，具体操作方法是：将手掌平放，五指自然展开，手心向下，小指、无名指和中指一齐向内侧转动并拱起，左手掌压在台面上，三个手指形成支撑；食指尖和拇指尖互捏，形成一个圆圈，球杆就可以在圆圈内前后滑动，不会滑脱。如果需要调整高低，可通过伸展手掌或隆起中指来实现。这种手架在九球运动中常用（图1-12）。

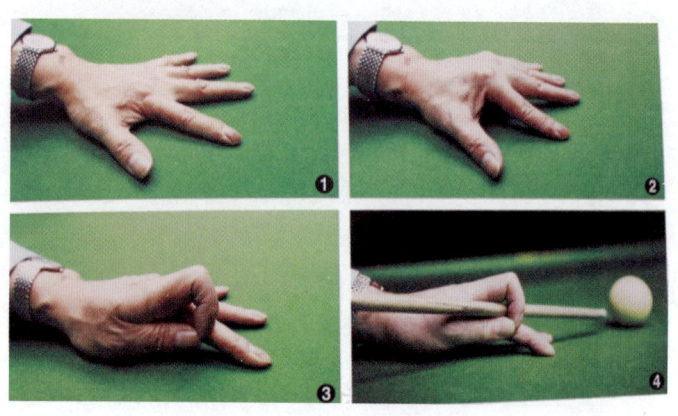

图1-12　凤眼式手架的操作步骤

（3）悬空高V手架：当出现主球后面有球，造成击球困难时（称为后斯诺克），为了不碰到这个阻挡球，必须将球杆抬高，需要采用悬空高V手架来解决，具体做法是：把四个手指竖起来，中指、无名指在前，食指和小指在后，形成较大的支撑面积，支撑在阻挡球后面，大拇指尽量翘起，球杆就架在食指和大拇指间形成的V形槽里。在操作时要注意找好击球点，防止滑杆或手球杆碰触障碍球（图1-13）。

图1-13　悬空高V手架击球

（4）台边手架：由于球的位置变化较多，同时打法也有不同，所以手架形式也要随球应变。这里介绍几种有代表性的台边手架形式，仅供参考。

第一种，主球紧贴岸边时，需要平行岸边击球时的手架，可以采用岸边平行V形手架，具体操作方法是：手掌伸直，五指尽量分开，手心向下按在台球桌库边上，形成一个稳定杆架基础；

然后拇指紧贴食指翘起,食指与拇指之间出现一个凹槽,球杆可以在凹槽中前后滑动(图1-14)。

图1-14 岸边平行手架

第二种,主球紧贴或贴近岸边,需要垂直岸边击球时的手架。初学者在打这种球时,经常会出现滑杆现象,实际上球的高度比岸边高出1厘米左右,而球杆的杆头直径是1厘米,利用杆头的下边去击打主球的露出部分是完全可以的。这种岸边垂直击球手架动作类似于悬空高V手架,注意后手要略微高抬,使球台有向下的倾斜角度,从而减少滑杆的机率(图1-15)。

图1-15 岸边垂直击球手架

第三种，主球离岸边较近时的手架，手掌伸直，手心向下按在台球桌库边上，拇指的第一指关节或者是第二指关节与球杆平行并紧贴球杆，由于食指轻扣在球杆上，加之拇指第一或第二关节形成平行球杆的平面，使球杆不能向上或者向左右移动，这样就能较为方便地控制运杆，使得运杆平直顺畅，击点准确（图1-16）。

图1-16　近距离岸边击球手架

第四种，主球在角袋口时的手架类似于V形手架，此手架的要点是：不要用第一指关节的指腹轻搭在角袋上，而是要用第一、二指关节，甚至是整个手指都用力地搭在角袋上，手指要尽量分开并用力下压使得手架非常稳定，拇指与食指同V形手架形成沟槽（图1-17）。

图1-17　角袋口击球手架

2. 架杆

在主球离岸边较远时,一定不要勉强用手架击球,要尽量利用架杆来击球。架杆分十字架杆、高架杆、探头架杆和蛇形架杆,还有长架杆,以及配套的套筒等。要根据主球的位置准确选用架杆及配套备件。

(1)**十字架杆**:较为常用,主要是在主球离岸边较远,主球后面也没有其他障碍球时使用(图1-18、图1-19)。

图1-18　十字架杆

图1-19　十字架杆的应用

（2）高架杆：此种架杆不常用，主要是在主球离岸边较远，主球后面还有其他障碍球时使用（图1-20）。

图1-20　高架杆

（3）蛇形架杆：此种架杆更不常用，主要是在主球离岸边较远，主球后面还有其他障碍球时使用（图1-21）。

图1-21　蛇形架杆

（4）组合架杆： 当阻挡球较多，探头架杆高度不够时，可以采用架杆组合方式来解决，这样可以抬高球杆的高度和前伸长度（图1-22）。

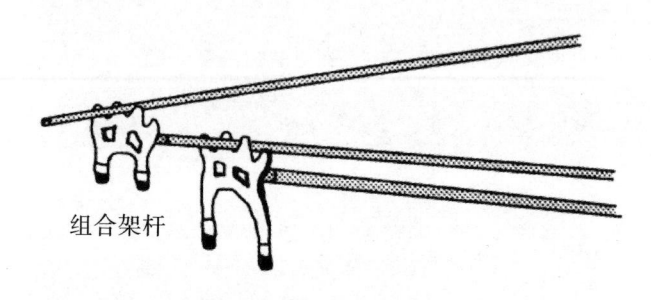

组合架杆

图1-22　组合架杆

（三）运杆

在击球过程中运杆是十分重要的环节，要求运动员通过运杆来保持一定的出杆节奏、维持平静的心态、控制出杆的准确度。

在实际操作中，不少初学者很不注意培养自己的运杆节奏，或者拿起杆就打，仓促出杆击球，导致误差的机率较高，所以在开始学习打球时就要培养自己的运杆节奏。北京台球学校原台球理论教练刘恒兴先生通过教学实践总结出了一套"四三数控运杆练习法"，对于培养科学、规范的运杆节奏是很有益处的。此方法对于初学者或运杆不标准者大有益处。养成较好的运杆习惯后，可不用拘泥此方法。

"四三数控运杆法"有六个步骤，其中四处要求默数1、

2、3后才能动作,包括轻柔运杆、后摆、暂停、击球、跟进、停止六个单个动作(注:此运杆法主要是在斯诺克台球中运用,图1-23)。

① 瞄准击球准备　　② 后摆

③ 击球后停一会儿

图1-23　运杆基本步骤

1. 轻柔运杆　这是瞄准击球的准备阶段,当选好目标球的碰撞点和要打主球的击点位置后,就可以按此方向轻柔运杆了。这时始终保持轻而柔地前推或后拉的运杆动作。杆头要尽量地贴近击点,身体保持完全静止不动,球杆与台面平行,运杆次数一般为2～3次,并养成习惯(第一次数123)。然后杆头停在主球

2~4厘米处（第二次数123）。

2. 后摆　后摆是运杆击球的重要环节，要求既稳又慢，根据击球强度要求决定后摆幅度，后摆幅度与击球强度成正比。

3. 暂停　后摆到位后就停住，这是击球前全神贯注、实施成功一击的不可或缺的阶段，暂停可以默数（第三次数123）。

4. 击球　击球是在以上三个阶段所确定方向果断出杆，使主球必须以干净、利落、坚定的直线向目标球撞去。

5. 跟进　跟进是为了充分发挥击球效应的重要一环，要求球杆击球时穿透球体跟进一段距离，跟进距离依主球与目标球距离而定（这个环节往往为初学者所忽视）。

6. 停止　要求击完球后不能马上站起来，要默数后再站起来（第四次数123），避免因过早起身而影响发力动作质量或导致球杆碰撞其他球体而犯规。

三、控制旋转

在研究台球基本技法时，一般都是讨论主球的各种运动形式，如跟进球、回缩球、左塞旋转球、右塞旋转球等，而这些运动形式的根本机理是主球的旋转引起的。

台球运动的特点是，由于球面上可以有无限多的击点位置，运动员用球杆撞击主球，使主球发生旋转，因此可以有无限多个旋转状态，从而创造出无限多个绚丽多彩的球路来。控制主球的旋转就控制了球的主要运动，所以，在台球的旋转中大有学问。因此，让我们改变一下思维方式，用旋

（一）台球的旋转区

台球旋转时，球体的所有质点的角速度是相等的。做匀速运动时，球体上各质点的线速度的大小等于转动半径与角速度的乘积，所以，各质点与旋转轴的距离越远，线速度越大。而轴的两端附近，线速度极小（图1-24）。

图1-24 台球旋转线速度表示（俯视）

我们可以简单地把台球击打区域四等分：最外是最转区，其次是次转区，再向内是弱转区，中心区是微转区或不转区（图1-25）。

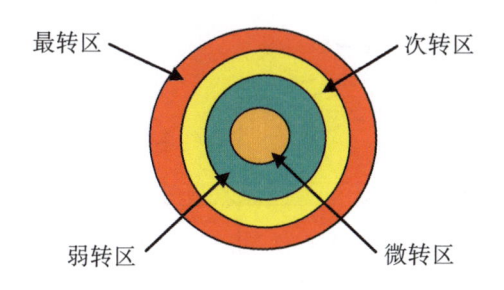

图1-25 台球旋转分区

台球技法解析

台球的最转区发生在台球与边岸接触时,是摩擦半径最大处(图1-26)。

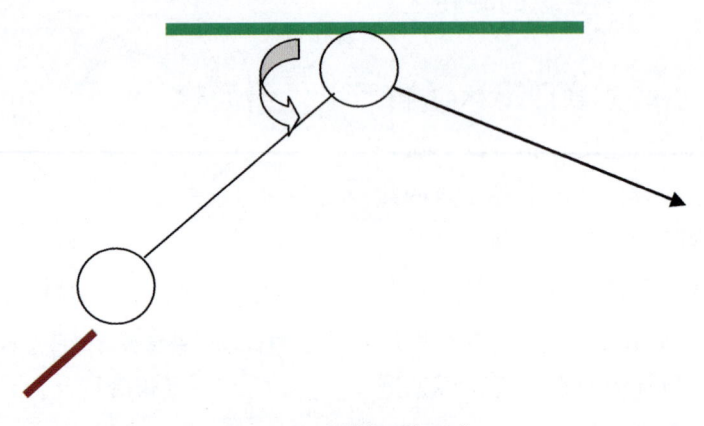

图1-26 最转区的形成

次转区发生在台球直径大约3/4处,对于初学者,击球点应该尽量在次转区及以内,即在与球心成45°角的交点处,正好是球的直径的0.71倍处为球杆可接触的次转区(图1-27)。

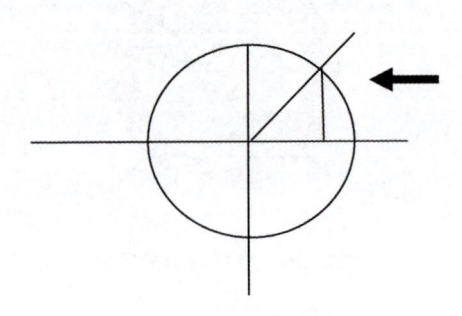

图1-27 次转区的边界

弱转区发生在半径的1/2处。

微转区发生在半径的1/4处，也就是球心附近处（图1-28）。

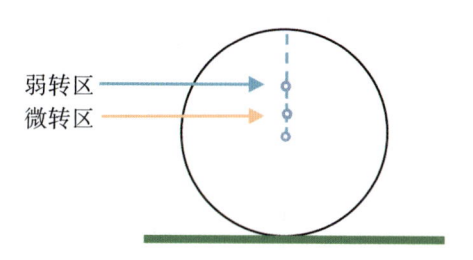

图1-28　弱转区、微转区的击点位置

（二）台球的旋转轴

台球表面上不同的击点引起不同方位的旋转，每种旋转都是环绕着一个特定的旋转轴。

1. 三条基本旋转轴

（1）**横旋转轴**：或叫左右轴。通过球心与运动方向垂直，与水平面平行的旋转轴AA1，球的旋转形式为跟进或后缩（图1-29）。

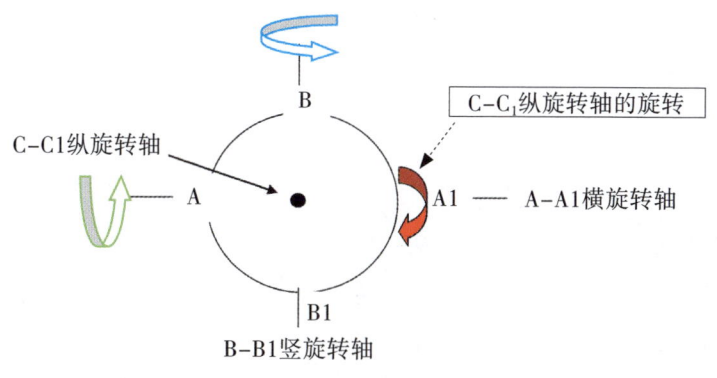

图1-29　三条基本旋转轴（平视）

（2）**竖旋转轴**：或叫上下轴。与台面垂直的旋转轴BB1，球的旋转形式为左旋或右旋（参见图1-29）。

（3）**纵旋转轴**：或叫前后轴。与球的运动方向一致的旋转轴CC1（参见图1-29）。

2. 平面斜轴六条

平面斜轴定义：位于任何两条基本旋转轴所在的平面内，且与这两条基本旋转轴成锐角的旋转轴叫作平面斜轴。

（1）**水平面斜轴**：它在横轴AA1和纵轴CC1所在平面内，且与AA1或CC1成锐角的旋转轴。典型的有DD1和DD2（图1-30）。

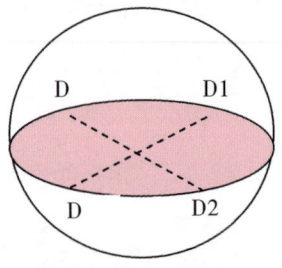

图1-30　水平面斜轴

（2）**纵平面斜轴**：它在竖轴BB1和纵轴CC1所在平面内。且与BB1或CC1成锐角的旋转轴。典型的有EE1和EE2（图1-31）。

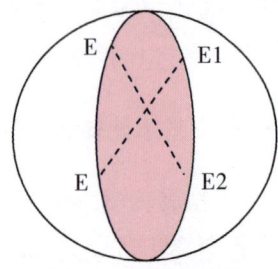

图1-31　纵平面斜轴

（3）**横平面斜轴**：它是在竖轴BB1和横轴AA1内，且与BB1或AA1成锐角的旋转轴。典型的有FF1和FF2（图1-32）。

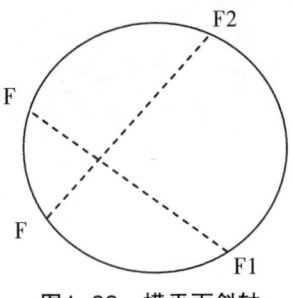

图1-32　横平面斜轴

（三）旋转球的分类和命名

1. 分类

根据线速度分类法分为八组加一点（图1-33）。

上旋：正上 1　左上 5　右上 7
下旋：正下 2　右下 6　左下 8
左旋：3　右旋：4
不旋转：中心点

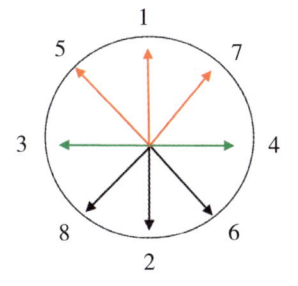

图1-33

2. 命名

红色为前滚，绿色为顺逆旋，黑色为后滚（参见图1-33）。

（四）旋转球的样式

根据以上的分类，台球的旋转可以自然分为以下12种样式。

1. 上下旋类六种

（1）上旋类（图1-34）：正上旋（上击点）、右斜上（左上11点钟方向）、左斜上（右上1点钟方向）。

21

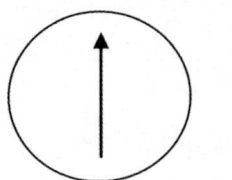

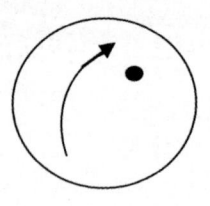

图1-34　上旋类表示方法

（2）下旋类（图1-35）：正下旋（下击点）、右斜下（左下7点钟方向）、左斜下（右下5点钟方向）。

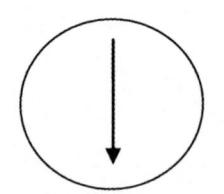

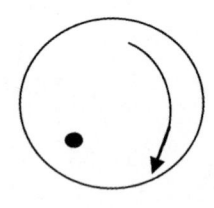

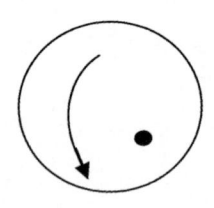

图1-35　下旋类表示方法

2. 侧旋类两种

（1）左侧旋类：普通左侧旋（左击点，图1-36）。
（2）右侧旋类：普通右侧旋（右击点，图1-37）。

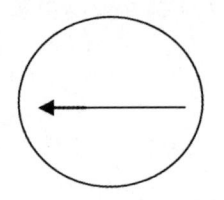

图1-36　左旋表示方法　　图1-37　右旋表示方法

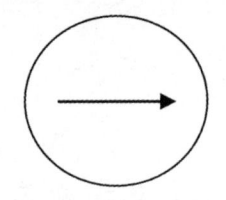

3. 左、右侧上、下旋类四种

（1）普通左侧上、普通右侧下（图1-38）。

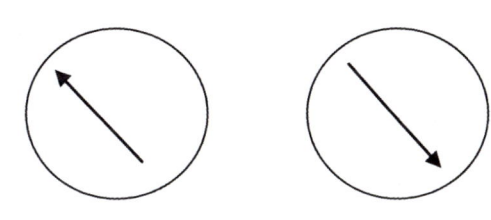

图1-38　左侧上、右侧下表示方法

（2）普通右侧上、左侧下（图1-39）。

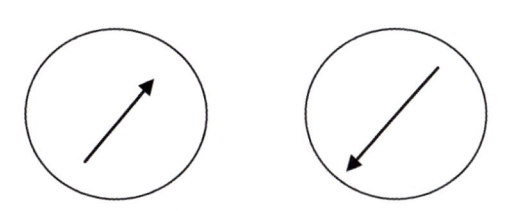

图1-39　右侧上、左侧下旋表示方法

（五）台球旋转的分类

1. 按旋转轴分类

按旋转轴可以分横轴AA1、竖轴BB1、斜横平面旋转F1F2和F3F4四类（图1-40）。

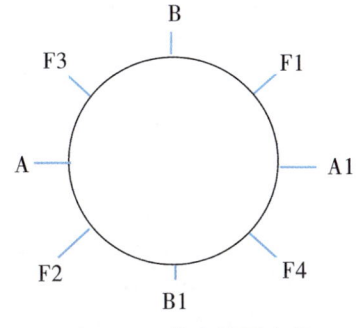

图1-40　按旋转轴分类

2. 按击点分类

实际球面上可以有无限多个击点，但一般分九个点（图1-41），也可按时钟分12个点（图1-42）。

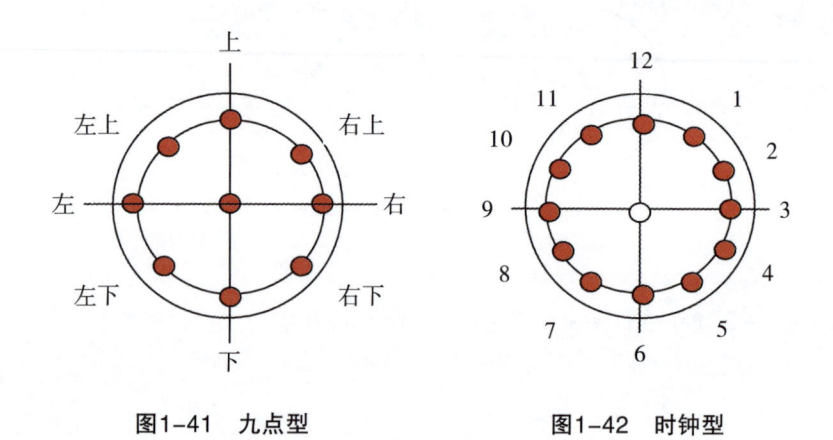

图1-41 九点型

图1-42 时钟型

（六）台球旋转的性质

1. 不转球（定杆球——不转、微转区）

（1）不转球碰撞后的直线运动方向不变，主要有三种：第一，不转球滑动前进；第二，不转球与目标球碰撞后停止运动（图1-43）；第三，不转球与边岸垂直碰撞后按原方向被弹回（图1-44）。

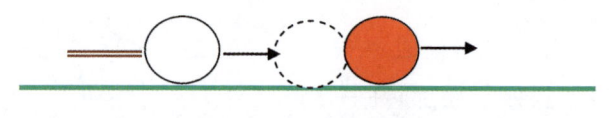

图1-43 不转球滑动

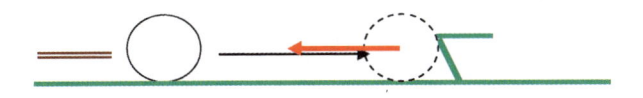

图1-44　不转球碰岸

（2）不转球与边岸斜向碰撞后发生旋转并改变反射方向会发生两种情况：

其一，受边库台呢凹陷变形的影响，反射角不一定等于入射角。凹陷处受力情况，如图1-45所示。

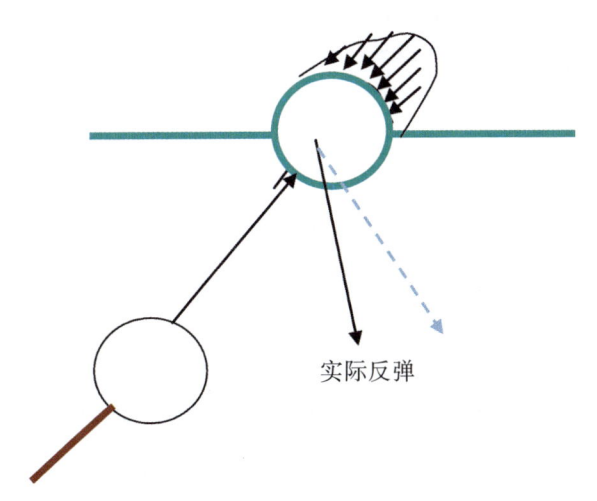

图1-45　大力斜向撞岸

根据大量实验统计，在中等击球力度下，当入射角在40°时，反射角近似等于入射角。当入射角大于40°时，反射角大于入射角2°～3°；虽然误差不太大，但在强力作用下，误差就会增大。当入射角小于40°时，反射角小于入射角2°～3°（图1-46）。

台球技法解析

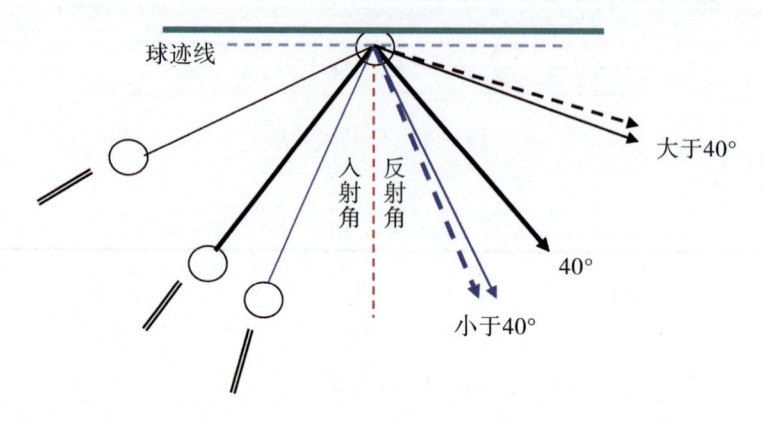

球迹线

入射角　反射角

大于40°

40°

小于40°

图1-46　受岸边台呢摩擦发生旋转
（注：图中虚线是球实际反弹路线的示意。）

其二，不转球在斜向撞击岸边时，受台呢摩擦分力的作用，使得台球发生平面右旋或左旋，使反弹角增大。反弹角变化的大小与出杆力度成反比，球的撞击力度越大，反弹角越小（图1-47）。

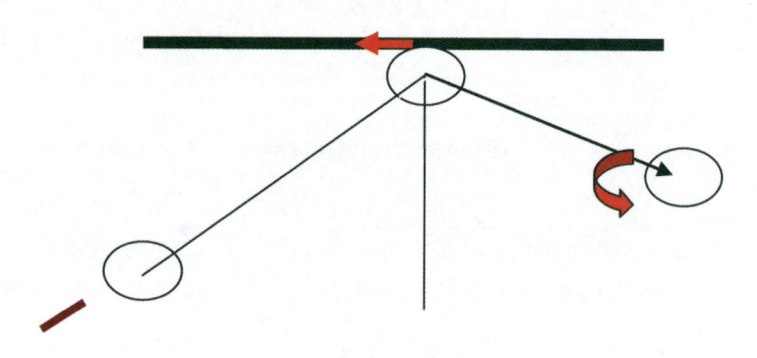

图1-47　不转球碰岸发生旋转

26

2. 旋转球

（1）纵向旋转球（高杆—横轴，次转区）加速前进，运动方向不变；受台呢摩擦逐渐减速。

直线碰撞目标球后受惯性作用继续跟进一段距离（图1-48）。

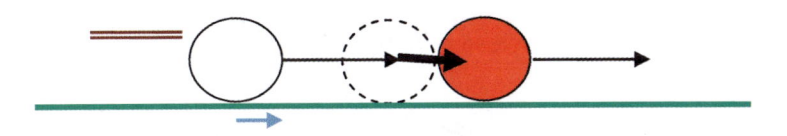

图1-48　纵向旋转球跟进

（2）高杆球碰撞边岸后受岸边台呢摩擦力向上、向后弹起运动，弹起高度与力度成正比（图1-49）。

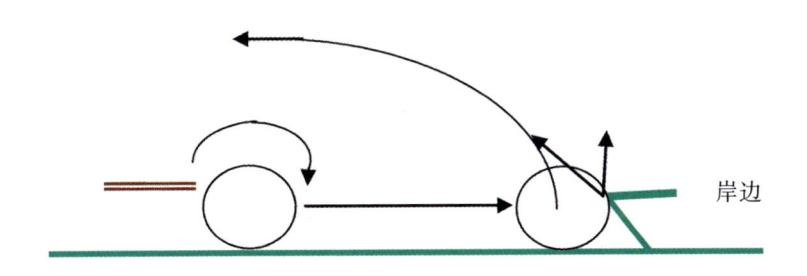

图1-49　高杆球撞岸后弹

（3）主球高杆有角度碰撞目标球情况下，受目标球摩擦发生左旋运动，主球按切线方向并成弧形向前、向上运动（图1-50）。

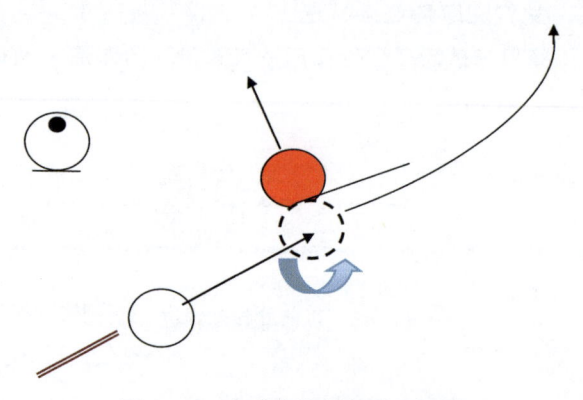

图1-50　主球高杆斜向碰目标球

（4）横向旋转球（纵轴）运动方向向旋转方向偏斜，碰撞目标球后受目标球摩擦发生右旋，按切线方向成弧形向下运动（图1-51）。

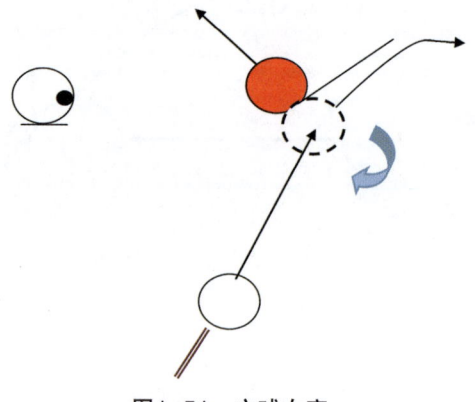

图1-51　主球右塞

（5）下旋球（低杆—横轴，次转区）：下旋球是逆向旋转球减速前进，运动方向向前不变。当直线碰撞目标球后发生向后缩回运动（图1-52）。

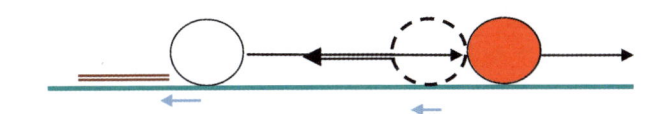

图1-52　下旋球碰目标球

主球斜向碰撞目标球情况下，按切线方向受目标球摩擦发生左旋运动，成弧形向后、向下运动（图1-53）。

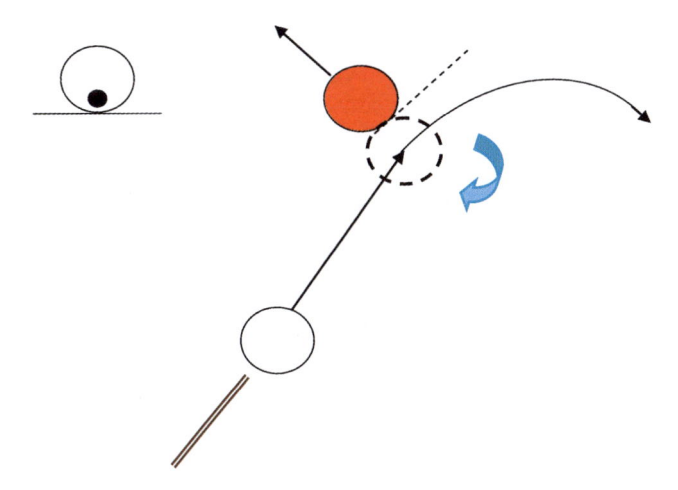

图1-53　下旋主球斜向碰撞目标球

（6）受杆力作用下的斜向旋转球，受台呢作用向旋转方向偏斜运动，称为"香蕉球"（图1-54）。

（7）受垂直强杆力作用下的斜向旋转球，台球成U形大弧形运动也称竖棒球（图1-55）。

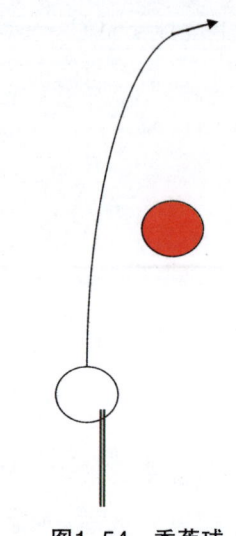

图1-54　香蕉球

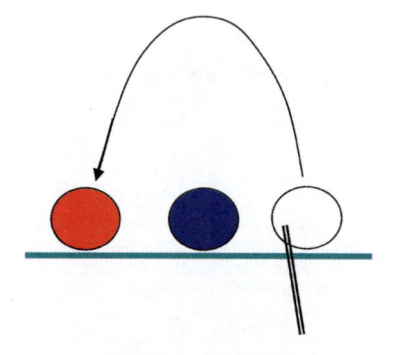

图1-55　竖棒球

（七）台球旋转的应用

在台球比赛过程中，利用球的旋转特性进行位置的控制是十分重要的，也是一名有经验的运动员素质和水平的标志。所谓走位，实际上就是准确控制球的运动方向和距离，其中包括旋转的应用和力度的掌握。旋转的应用主要是击点的选择，最简单的就是球面上九个基本点的选择。而每个点离球心远近不同就有无数个击点供选择，通过实践经验可做到得心应手，形成球感（图1-56）。下面举几个典型球例来分析旋转的应用。

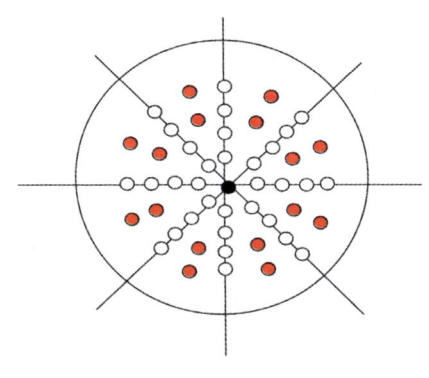

图1-56 击点分布

1. 横轴上击点的旋转应用

中点以上使主球向前滚动（高杆或推杆），中点以下使主球向后回缩（低杆）。横轴上的旋转有三个概念必须弄清楚：

一是定杆，击点在不转区，就是球心处，发力击球后，主球碰目标球后停在目标球的位置。

二是推杆，击点在次转区，就是球心以上。力度较小，主球发生跟进运动；击点如果在不转区，也能打出推杆效果，但要求发力时间加长一些。

三是顿杆，它与推杆的区别在于击点控制在微转区，在球心附近，发力较大、走位距离较小。在主球与目标球夹角较小的情况下，主球基本停在原位附近。如果夹角较大时，顿杆使主球分离距离就较大。但打好顿杆有一定难度，需要很好地练习。推杆、高杆、顿杆、低杆等杆法的不同，主球的走位也有区别，具体见图1-57。

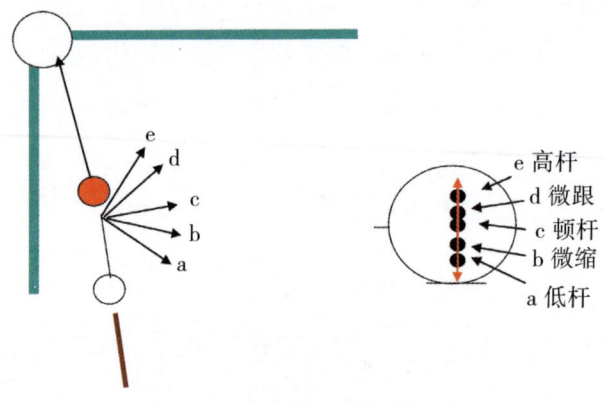

图1-57　各种杆法走位的区别

2. 竖轴上击点的旋转应用

中点之左使主球左旋，中点之右使主球右旋，一般称为左塞或右塞。左右塞击打目标球后，主球吃库后的运动轨迹也明显地不同，具体见图1-58。

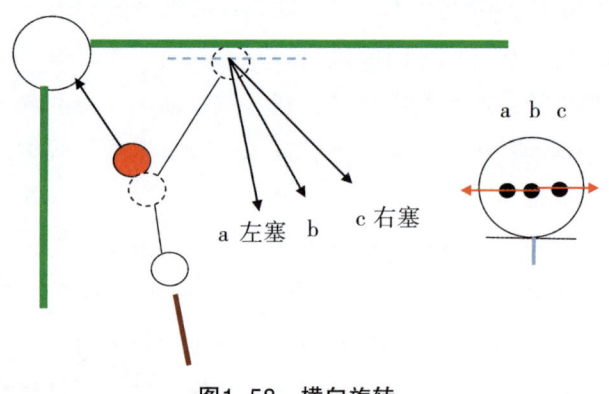

图1-58　横向旋转

3. 旋转球的综合应用

利用左右侧上下旋轴，使球按计划路线运动。最典型的球例是以半台角度使黑色球落袋后主球所走的一系列轨迹。

● 综合应用一（图1-59）：

a—普通前旋球，即高杆

b—较重的左侧旋球

c—没有侧旋的顿球，利用顶边，具有前旋效果的顿球

d—带右侧旋的顿球

e—后缩球

f—带右侧旋的后缩球

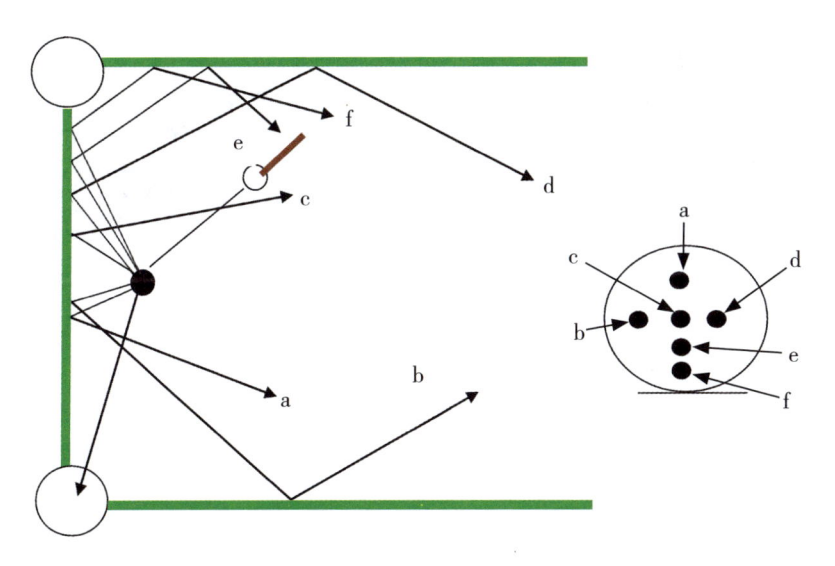

图1-59　综合应用一

● 综合应用二（图1-60）：

a—普通前旋球

b—左偏上

c—中心偏上

d—中心附近

e—右偏下

f—低杆

g—右下低杆

打击主球的位置不同，主球的运动轨迹也就会有较大区别。

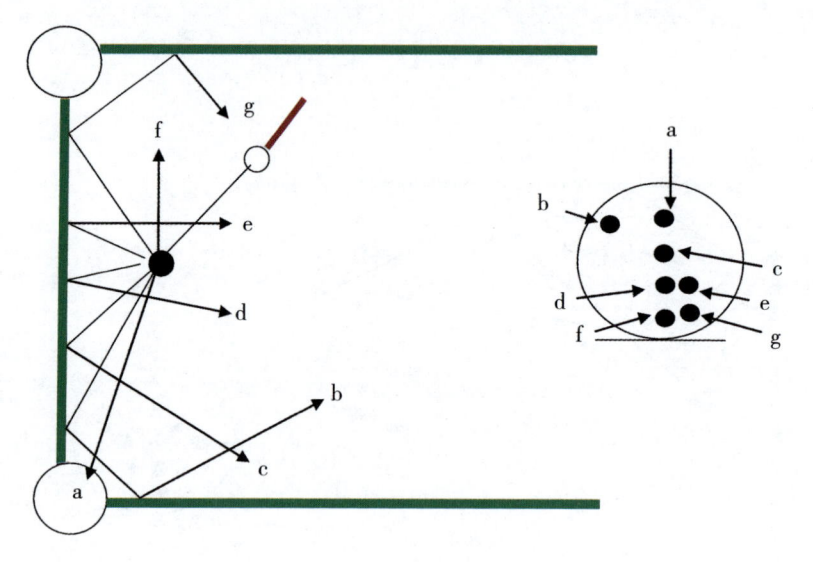

图1-60　综合应用二

● 综合应用三（图1-61）：

a—普通前旋球，即高杆

b—较重的左侧旋球

c—顿球，利用顶边，具有前旋效果的顿球

d—较重的顿球，打击中心偏下位置

e—带右旋效果的顿球

f—后缩球

g—带右侧旋效果的击得较轻的后缩球

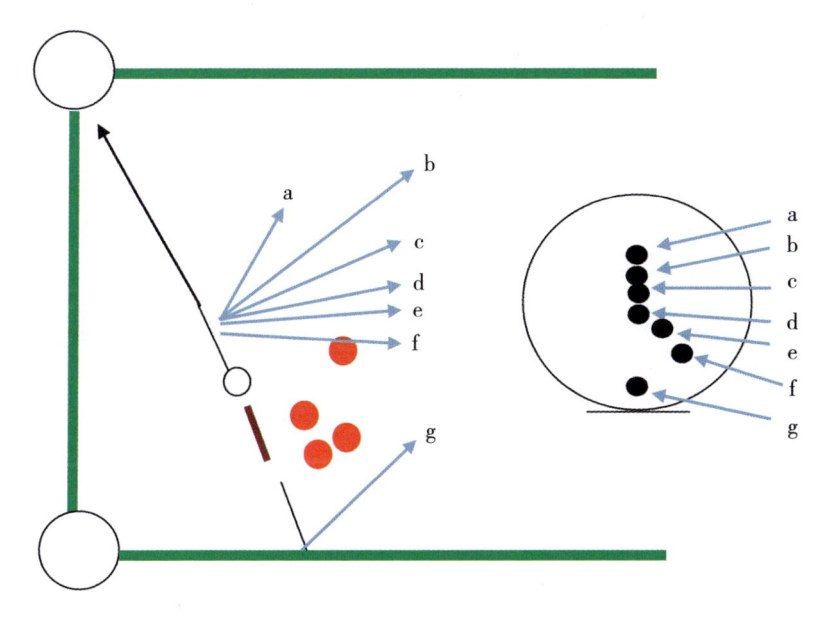

图1-61　综合应用三

4. 竖轴和横轴的综合应用

（1）技法特点：这种技法的特点是使主球既后缩又右旋，所以主球后缩碰岸后再向右上方运动到可以击打红色球的有利位置。这种球的规律是，想使主球后缩并向右偏转，一定要打左下击点；反之就打右下击点。

举一个球例，主球后缩程度不同在击打粉色球落袋后的不同位置，如图1-62所示。

> a—低杆　横轴效果
> b—稍弱低杆　弱横轴效果
> c—顿球
> d—自然角度

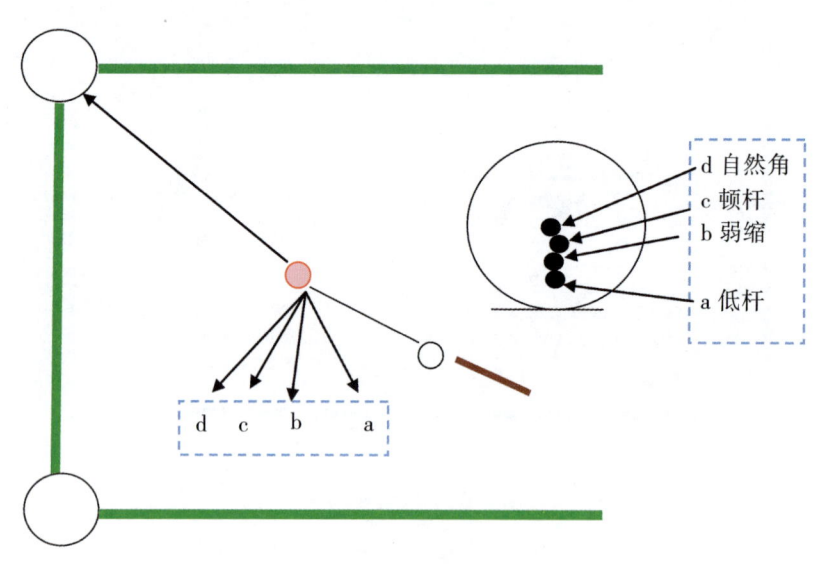

图1-62　横轴上的次转区下侧旋转效果

当需要远距离走位时，确定运动方向，选择好击点位置，并加大力度，就可以实现远距走位（实际球路成弧形）。

（2）击点位置的选择：怎样选准上下侧旋击点的位置？如果选高或选低了，有可能主球会碰撞黄色球或绿色球，所以要研究主球与目标球的相对位置与侧旋击点选择的关系（图1-63）。

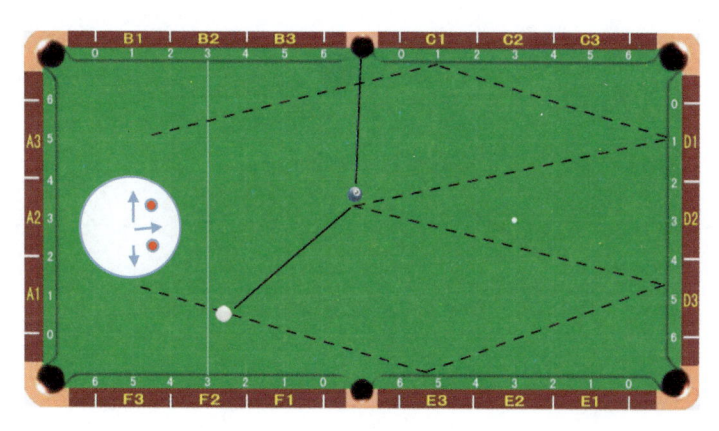

图1-63　五分球走位示意图

归纳起来，有以下三点规律应注意：

第一，不管主球相对目标球在什么位置，自然击点（不旋转）使的球路垂直于目标球运动方向（图1-64）。

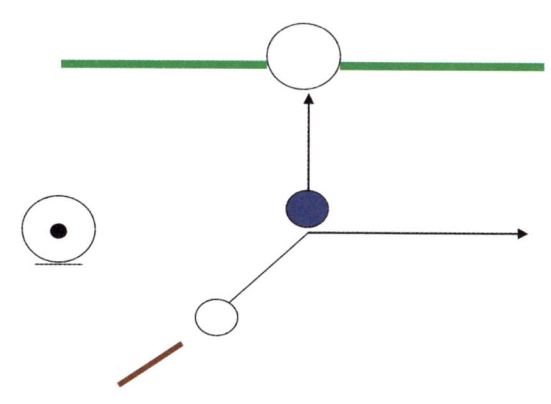

图1-64　自然击点使主球呈90°方向运动

37

第二，当采取上旋或下旋击点时，主球呈向上或向下的弧线运动，角度大小与击点高低和力度大小成正比（图1-65）。

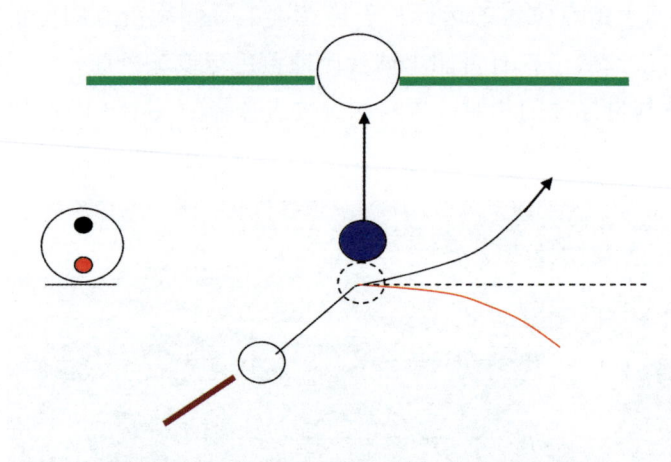

图1-65　高杆与低杆使主球向上或向下偏转

第三，当采用上下侧旋击点时，主球的运动方向和弧线比上下旋时角度偏小（图1-66）。

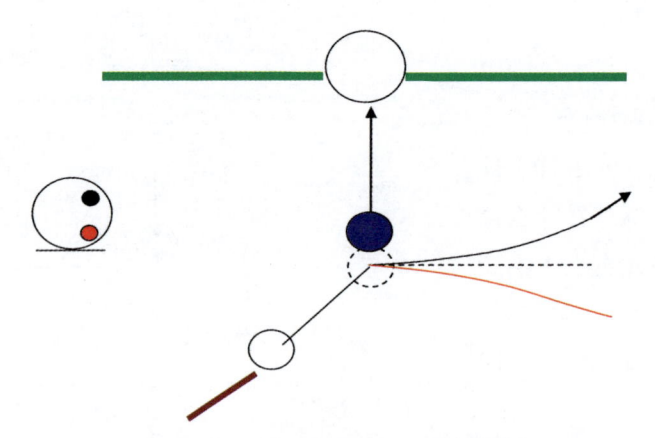

图1-66　上下侧旋是使主球的弧线变弱

根据以上规律，在需要撞堆或踢球时，就可以考虑采用什么击点、什么力度，以实现撞球堆或踢哪一颗球（图1-67）。

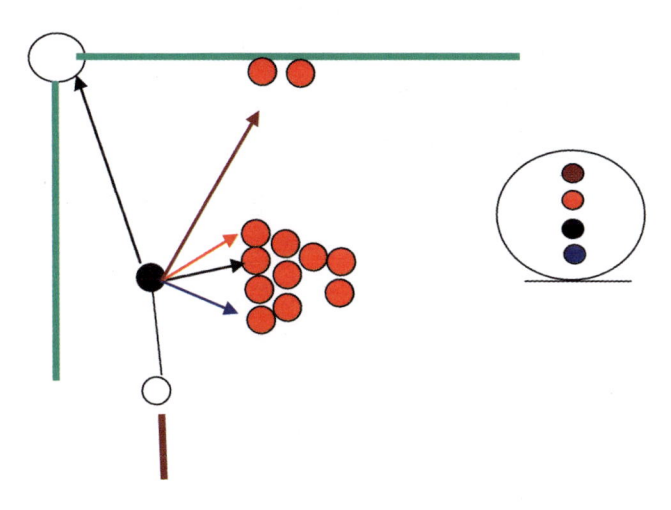

图1-67　撞堆和踢球

5. 在特殊情况下旋转的应用

（1）如图1-68所示，当主球没有球路可以击打红色球时，可以采用左塞碰上岸后折回左侧击打红色球。主要是控制主球有30°反弹角的原理，选择好小于30°入射角度，主球打出旋转效果就可以实现。

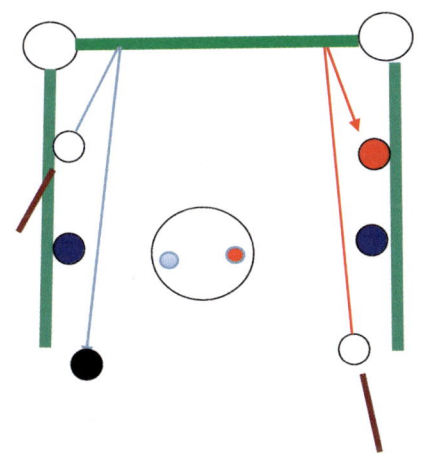

图1-68　旋转特殊应用

39

（2）香蕉球（弧线球）技法分析：有以下两种情况。

第一种幅度非常小的香蕉球，是在逆毛的情况下小力度、长距离推主球时，主球也会发生轻微的转弯（俗称变线）。其主要原理是台呢上的绒毛有一定方向性，如在斯诺克和中式台球的台球桌安装时，要求绒毛方向朝向红色球堆方向。当主球在球台左侧向右前方慢速逆毛向前滚动时，在台呢绒毛向下的作用下，主球体会慢慢地向右运动。如果从球台右侧向左前方慢速逆毛方向滚动时，同样在绒毛向下的作用下，主球体会慢慢向左运动。顺毛时一般不考虑主球变线的情况。

第二种香蕉球幅度较大，是利用台球与台呢的摩擦效果使球体逐步发生弧形运动。其技法诀窍是在确定加塞点后，把球杆杆尾抬起约30°，用较大的力度击打击点，就可以实现，不用考虑是逆毛还是顺毛（图1-69）。

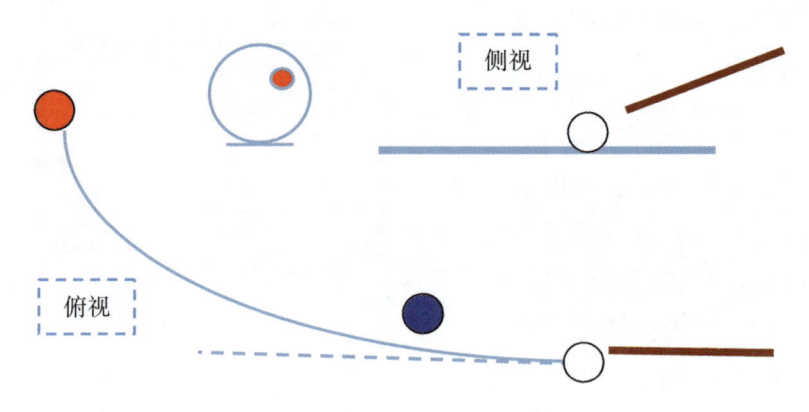

图1-69　香蕉球的俯视图和侧视图

当用向下30°左右的角度大力击打右塞击点时，加大了对台呢的压力，产生与球旋转方向相反的阻力，台球右旋就产生向右的阻力，使得台球逐渐向右弧线运动（图1-70）。

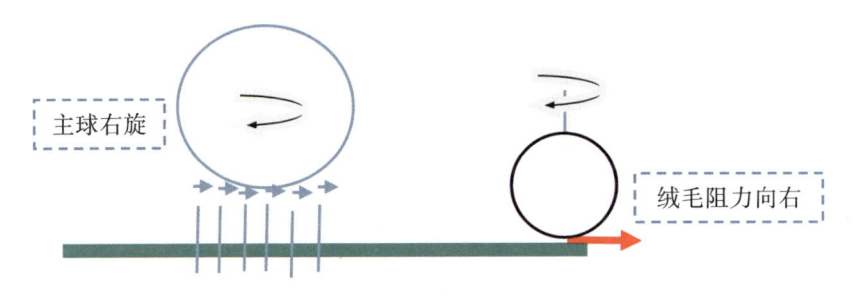

图1-70　台球底部受力示意图

四、瞄准诀窍

当我们观看世界台球高手们的精彩技艺时，总会思考一个问题，为什么他们能打得那么准，究竟有什么瞄准绝招呢？

很多台球书籍介绍了很多种瞄准技法，本书就不重复介绍了。根据《i台球》杂志的丁俊晖和潘晓婷台球教程，结合长期实践体验，本书主要介绍三种比较实用的瞄准技法，供初学者参考。

（一）判断自己的主视眼

在端正站立姿势之后，就是如何进行击球。击球要以你的主视眼为主来瞄准，主视眼对瞄准非常重要。测试主视眼的方法有以下三种。

第一种，用两眼看手指指向的一个目标球，手指不要动。然后交替闭上一只眼睛，这时你所看到的手指的点和双眼看的点或左或右，选取离双眼看的点最接近的那只眼睛，就是主视眼。如果左右距离相等，则你的双眼是主视眼（图1-71）。

图1-71 测主视眼

第二种，在眼前竖起一只手指，记住双眼看手指的位置，然后分别闭上左眼或右眼，如果闭右眼时手指偏右，闭左眼时手指偏左，而且偏离距离相等，或者闭左右眼时手指都不动，那么你就是双眼主视；如果左眼看手指的距离比右眼看手指的距离近，那么左眼就是主视眼（图1-72）。

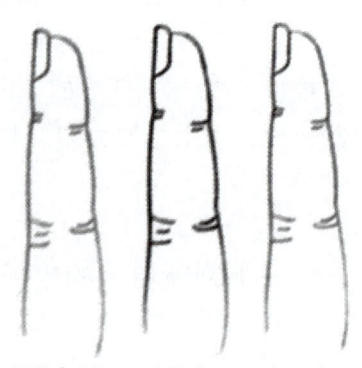

左眼主观　双眼主观　右眼主观

图1-72 用手指来判断主视眼

第三种，用食指和拇指形成一个圈，用圈套住一个目标，两眼能看到目标，然后分别用左眼和右眼看目标，凡能看到目标的就是主视眼（图1-73）。

图1-73　用手圈来判断主视眼

因此，在瞄准时应根据个人主视眼的情况，尽量使主视眼与球杆方向保持一致，当你用下颌贴在球杆上方时应该用主视眼来瞄准，才能减少视觉误差。只有双眼是主视眼时，才能真正做到眼正、杆正，因此不必强求每个人都要下颌贴在球杆上方、两眼对准主球。

（二）空间主球位置设定

从理论上讲，瞄准点的确定是：先确定入袋撞点，从袋口中心引直线过目标球心在球体上的交点就是入袋撞点，只要沿这条线外伸半个球体就是瞄准点位置。

在丁俊晖教学中用的方法是：练习时将白色球放在进球线

上，再拿走白色球，这时就有一个空间主球位置在目标球旁，只要瞄准这个空间球的球心点就能准确击落目标球（图1-74）。

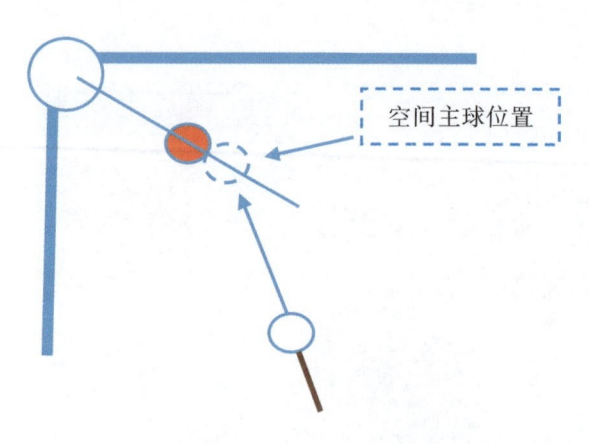

图1-74　空间位置瞄准

久而久之养成空间习惯，就能感觉目标球旁的空间位置，这要靠平时多练习和积累，才能百发百中。这种技法称为半球法又称"找尾巴"（图1-75）。

图1-75　主球瞄准位置示意

（三）三点瞄准法（或倍角瞄准法）

为了弥补空间点不好确定的问题，可利用目标球上的标志点来确定瞄准点。具体操作过程是：先确定入袋撞点p，再确定主球到目标球心连线上的交点a，取ap距离的两倍左右，与通过目标球球心的最佳进球线o（目标球球心与角袋口中点的连线）的交点b，pb=2ap，b点也就是设想主球空间点的中心位置（图1-76）。

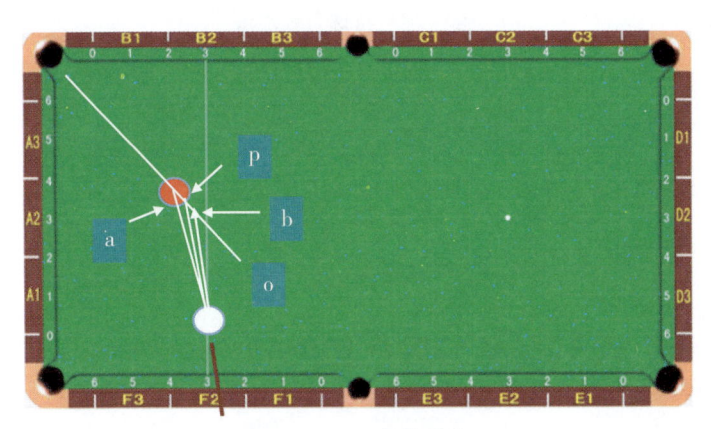

图1-76　三点瞄准法

（四）特殊角瞄准法

由于主球与目标球入袋夹角30°时，主球只要瞄准目标球的半个球，就能将目标球准确击入球袋。所以利用这个特点，当夹角大于或小于30°时，只要调整瞄准方向，如小于30°，瞄准线小于半个球；如大于30°，瞄准线大于半个球。按此练习，掌握规律，也能收到较好效果（图1-77）。

台球技法解析

图1-77　特殊角瞄准法

> **说明**
>
> 本书中有些台球桌面不是按正规比例，球的比例比较大，主要为了方便读者看清球路。主球的运动轨迹也仅是示意图。

五、台球器材应用及其他

台球器材包括台球桌、球杆、球、架杆和三角框、套筒、巧粉、计分器、加热设备等。本文不介绍有关器材的具体细节问题，主要就器材利用时应注意的事项加以说明。

（一）台球桌

随着台球运动的兴起，除了单位和台球厅购买台球桌，一些有条件的家庭特设置了台球房，一般以中式台（八）球桌为主选。在购买时应注意以下几点：

（1）安装质量要保证四个边框平直，台面的石板连接不留缝隙。

（2）边框胶垫弹性要好，可用球击打边框，能反弹六次为合格。

（3）台呢是关键，一是质量好；二是铺得要绷紧、平直。

（4）八球桌要选中国式的，袋口有弧面。

图1-78　台球桌（中式台球）

（二）台球

选一副质量好的台球，既能打出效果来，又能延长使用寿命。一般的塑料球太轻，打不出效果，打得时间不长，球上就会出现麻点。

台球技法解析

我们经常使用的有三种球，就是中式台球、九球和斯诺克球（图1-79～图1-81）。这三种球的直径不同，重量不同，因此它们的旋转效果也不同（图1-82）。

图1-79　斯诺克球

图1-80　中式台球

图1-81　九球

	中式台球	九球	斯诺克
直径	57.15毫米	57.1～57.5毫米	52.5毫米
重量	170克	170克	154.5克

图1-82　台球规格

（三）球杆

初学者不宜买太贵的球杆，只要平直不易变形就行。亨特利一直用的就是很早的老球杆。球杆的重量依个人习惯选用，但不宜太轻。球杆有一节杆、两节杆、三节杆。三节杆和两节杆，可短可长，携带方便（图1-83～图1-85）。球杆存放要注意，平时不用时要直立存放在干燥处，防止变形。

有的初学者在打不好球时，就拿球杆发泄，敲打球桌或撞击地板，既不文明，又容易损坏球杆。

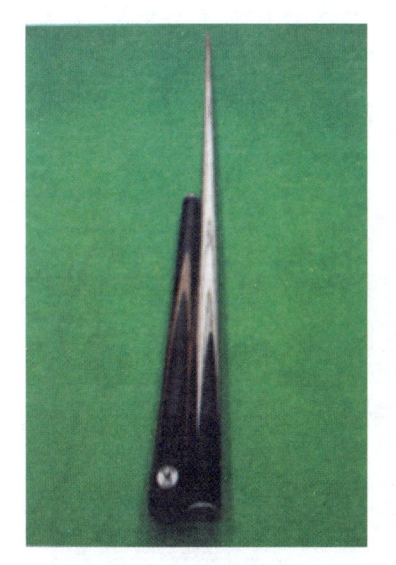

图1-83　两节杆

图1-84　加长接杆

图1-85　各种球杆

（四）力度分级

台球在台面上运动距离的远近取决于出杆力度的大小，有时要求主球只要移动几个厘米，有时要求主球在球台上来回反弹若干次，因此，力度的控制对打好台球非常重要。

目前国内的书籍对力度的分级不太统一，本书为便于读者掌握将力度分为七个等级（图1-86）。

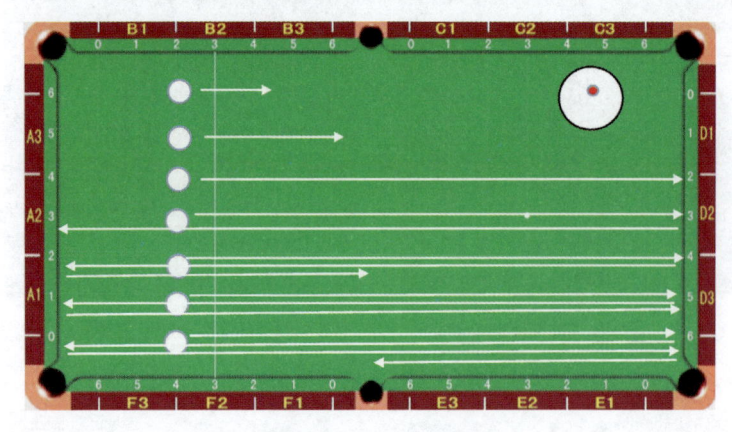

图1-86　力度分级

> 零级力度　主球移动距离10厘米以内；
> 一级力度　在两个腰袋之间一半距离；
> 二级力度　从开球线到顶岸；
> 三级力度　从开球线到顶岸反弹到底岸；
> 四级力度　从开球线到顶岸反弹到底岸，再反弹到台面中间；
> 五级力度　从开球线到顶岸反弹到底岸，再反弹到顶岸；
> 六级力度　从开球线到顶岸反弹到底岸，再反弹到顶岸后回到台面中间。

（五）关于静电效应

我们在观看台球比赛电视转播时，经常会听到主持人说产生静电了。在台球运动中为什么会产生静电呢？静电是一种物理现象，一般都有这样的常识，当你用一根玻璃棒擦拭毛皮时，玻璃棒上就会带电，能够吸附一些碎纸屑。在冬天，当你脱毛衣时也会产生带电的火花和响声。

从物理原理上讲，任何两个不同材质的物体接触后再分离，就会产生静电。因为物质是由分子组成，分子由原子组成，原子中有带负电的电子和带正电的质子。正常情况下，一个原子的质子数与电子数相同，正负平衡。但一经外力就会脱离轨道，离开原来的A原子而侵入其他原子B，A原子缺少原子数而带正电，成了阳离子。B原子增加了电子数带负电，成为阴离子。

所谓外力包括各种能量，如动能、热能、化学能等。由外力引起的摩擦起电是一种接触又分离造成的正负电荷不平衡的过程，是一个不断接触与分离的过程。

台球技法解析

在台球运动中，球杆头部的皮头与塑料球的接触与分离、球与台呢摩擦、球在台呢上滚动与跳起，都会引起球上电荷的不平衡，以致产生静电。这种静电虽然看不到火花，但由于库伦力（静电力）的作用，带静电的球体会吸引带有相反极性的电荷的灰尘，这对球的运动速度和方向都会产生影响。这时裁判员会用干净的手套将球擦拭干净，实际上是消除球上的灰尘，以保持球上电荷的平衡性。当台球厅的湿度比较大时，台呢就比较容易产生静电效应，所以需要在台球桌子下面安装电加温，主要目的是减少静电效应。

台球房的湿度对台球运动也有影响，当台呢受湿度影响后会使台球运动速度和方向发生变化，也会增加静电效应。一般要求台球房的温度保持在20～21℃，湿度保持在50%～60%的水平。有条件的比赛场地备有自动加温设备，以保证台球运动的正常进行（图1-87）。

图1-87　斯诺克台球厅

第二章
初级技法

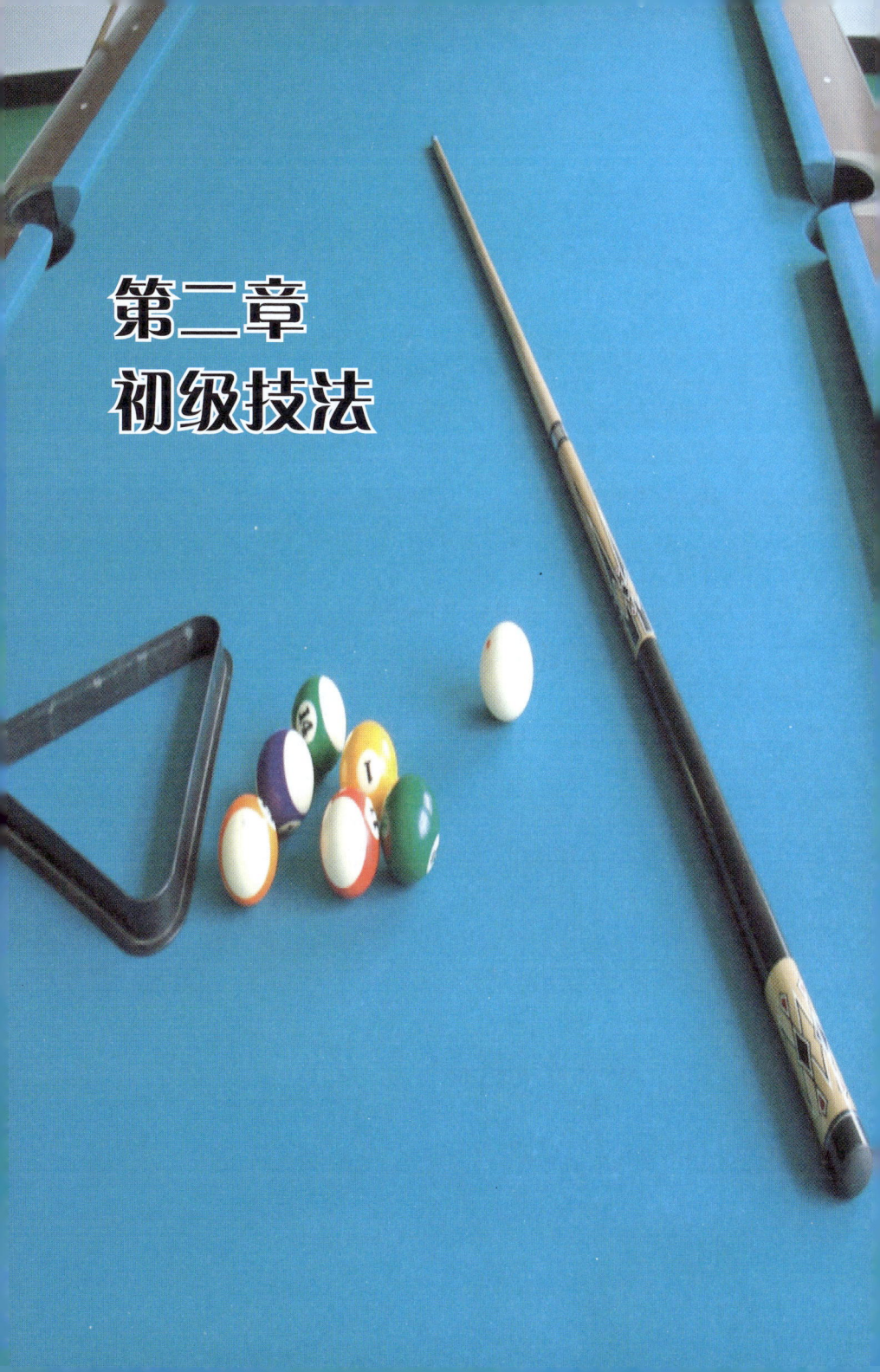

台球爱好者在练习时应给自己定个目标，以使自己有努力的方向，一般可以分四挡目标。

> 第一目标：斯诺克一杆能得20分以下；中式台球和九球能连续进3~5颗球——初级阶段。
>
> 第二目标：斯诺克一杆能得20~50分；中式台球和九球连续进5~8颗球——中级阶段。
>
> 第三目标：斯诺克一杆能得50~80分；中式台球和九球经常清台——高级阶段。
>
> 第四目标：斯诺克一杆能得80分以上；中式台球和九球清台能力超强——特级阶段。

初级技法的训练对象是一杆连续得分在20分以下的台球爱好者，在基本掌握站立姿势、运杆动作要领和基本瞄准方法后，就可以进行台球基本功的练习，主要包括直线入袋、高杆、低杆、定杆、加塞入袋等技法，对每种练习都必须反复进行，练习一个阶段后进行一次自检或互检。每种练习操作10次，如直线入袋、高杆、定杆等较为简单的技法，可以6次成功为合格，7~8次成功为良好，9~10次成功为优秀。

一、稳定性练习

（一）横向空岸

（1）练习目的：能准确运杆，击打主球的中部击点，使主球横向垂直碰对岸后返回原点。

（2）练习方法：在开球线上放两颗红色球，距离先大后小，主球夹在中间，击打主球后使其直线来回，要求平直出杆，返回时不碰两侧红色球（图2-1）。

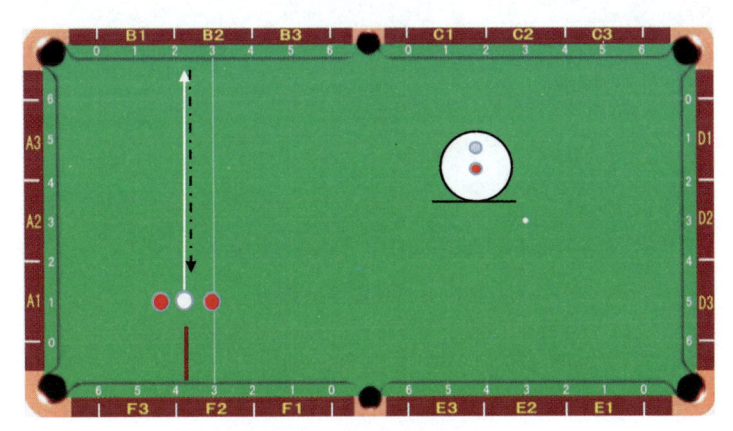

图2-1　横向空岸练习

（二）纵向空岸

（1）练习目的：能准确运杆，击打主球的中上击点，使主球纵向垂直碰顶岸后返回原点。

（2）练习方法：在开球区放两颗红色球，距离可以是三颗球或两颗球，主球夹在中间，击打主球后使其直线来回，要求平直出杆（图2-2）。

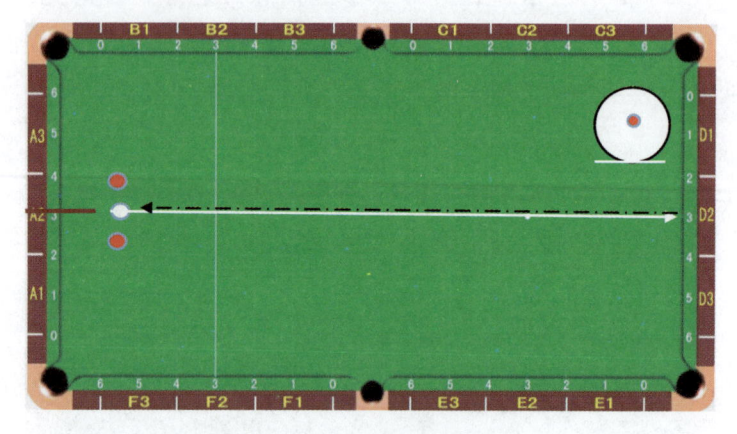

图2-2 纵向空岸练习

二、高杆杆法练习

（一）力度与跟进距离

（1）练习目的：准确掌握高杆力度与跟进距离的关系。

（2）练习方法：用不同的高杆力度击打主球，控制碰撞目标球后达到不同的跟进距离。

高杆的要领是球杆必须穿透球体，也就是球杆的运动距离不能碰到主球就停止，而是应该继续往前运动，一般称之为"随击"，才能发挥高杆的效果。也就是球杆要跟进，力量要有穿透球体的意思（图2-3）。

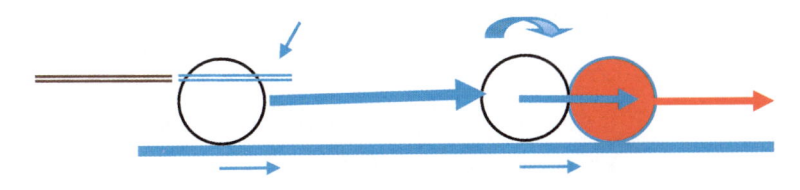

图2-3　高杆示意

摆四个红色球作为跟进距离标志点，主球以不同力度跟进到不同标志点。为了防止反撞，在方向上主球和目标球可以稍偏一些（图2-4）。

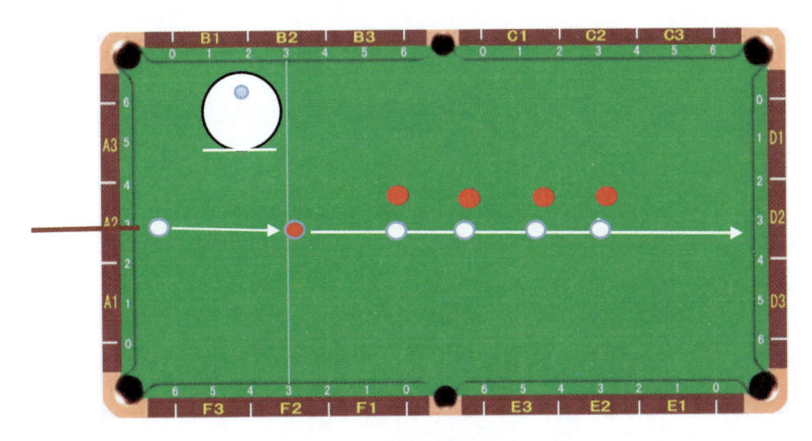

图2-4　跟进练习示意

（二）高杆走向控制

（1）练习目的：掌握主球走向控制的经典技法。

据历史记载：早在100多年前就有人研究高杆走向控制的经典技法，就是主球碰撞目标球后的走向要求指到哪就能走到哪。

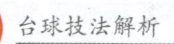

这种技法在台球运动中是很有用的。

（2）练习方法：先确定主球要走的去向P，然后从P点引直线到目标球中心点于球上一点E，主球用高杆瞄准E点，就可使主球碰撞目标球后向P点方向运动（图2-5）。

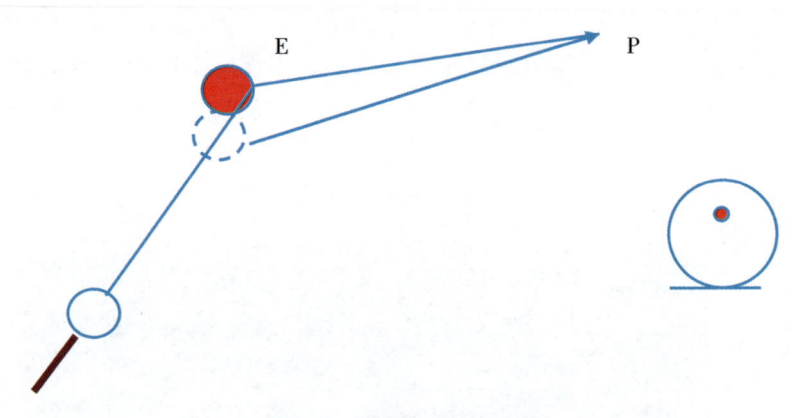

图2-5　经典跟杆技法示意

（三）远距纵向跟球

（1）练习目的：掌握在远距离情况下如何用高杆将主球运动到计划位置，实践经典技法的应用。

（2）练习方法：如图2-6所示，红色球在底岸附近，主球在顶岸附近，没有进球机会，为了不给对方留机会，主球最好撞会红色球后躲在D形区的彩球后面，这时就可利用高杆效应。关键是确定主球方向后，按照高杆经典技法要领把主球横移到D形区内，注意控制力度。

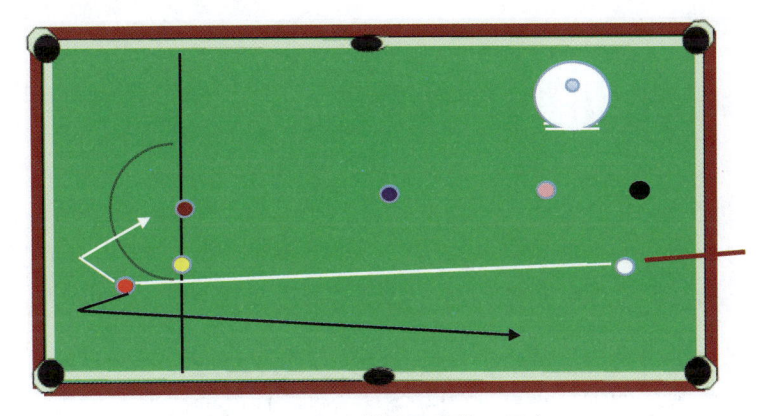

图2-6　远距纵向跟进练习示意

（四）高杆对贴岸球效应

（1）练习目的：实际体验高杆对贴岸目标球的横向弧线运动。

（2）练习方法：当目标球贴岸时，主球用高杆可以得到一种有趣的现象，即主球呈弧线横向运动，对主球走位很有用（图2-7）。

注意：要击打目标球的右侧，控制好击点和力度。

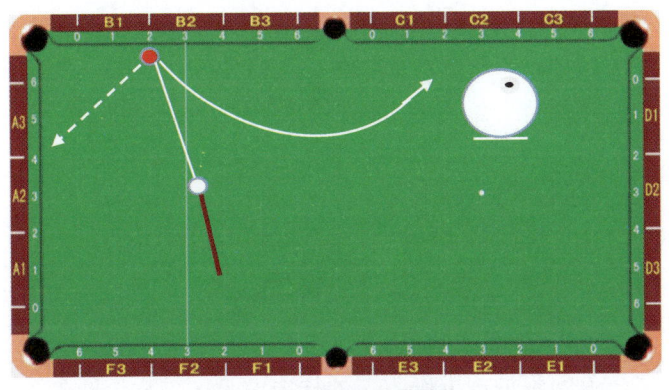

图2-7　高杆贴岸球效应

（五）高杆与推杆的区别

初学者有时会遇到这样的情况，当击打主球球心位置时，由于力度较小，主球碰目标球后仍会继续跟进一段距离。这种现象称之为推杆。高杆与推杆的区别在于击点位置不同、力度大小不同和用力的方式不同。推杆底部受向后的摩擦力，所以碰目标球后还有顺旋的惯性向前（图2-8）。而高杆底部向前的摩擦力，产生逆旋，但由于高杆力度大，向前的惯性力大于逆转作用，所以保持向前运动（图2-9）。

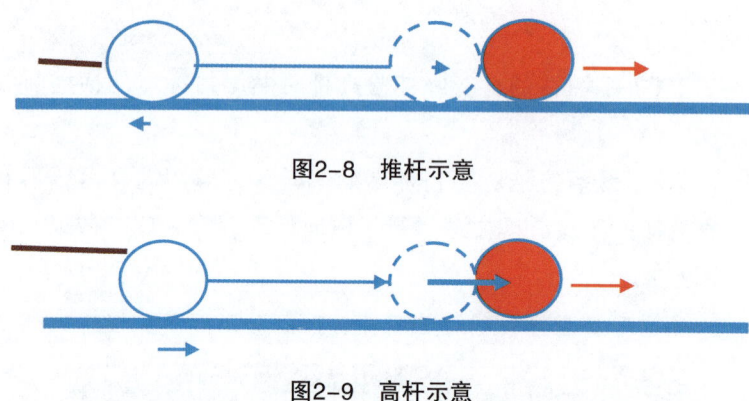

图2-8　推杆示意

图2-9　高杆示意

三、低杆杆法练习

（一）低杆力度与回缩距离的关系

（1）练习目的：准确掌握低杆力度与回缩距离的关系。

（2）练习方法：可以分以下两种情况进行练习。

第一种，用不同的低杆力度击打主球同一个点，控制碰撞目标球后达到不同的后缩距离。第二种，用同等力度击打主球不同的中下点，控制目标球后缩距离。

打低杆的要领也是球杆力度必须穿透主球球体，也就是球杆的运动距离不能碰到主球就停止，而是应该继续往前运动，也称之为"随击"，才能发挥低杆的效果（图2-10）。

图2-10　低杆示意

用三个红色球为标志点，控制力度和击点高低，分别后缩到标志点（图2-11）。

图2-11　低杆练习示意

（二）远、中距低杆练习

（1）**练习目的**：在台球比赛中经常遇到需要进行远距或中距低杆。关键是力点和力度的控制，增加随杆长度，也就是加大球杆穿透主球的力度和长度，使得主球充分反旋。如果力点不够低或力度不够，主球到达目标球时可能变为高杆或定杆。

（2）**练习方法**：在角袋口放一红色球，主球分别放在下腰袋和右下角袋附近，选中下击点，大力穿透主球，使主球能后缩一段距离。水平高的可以回缩2米以上（图2-12）。

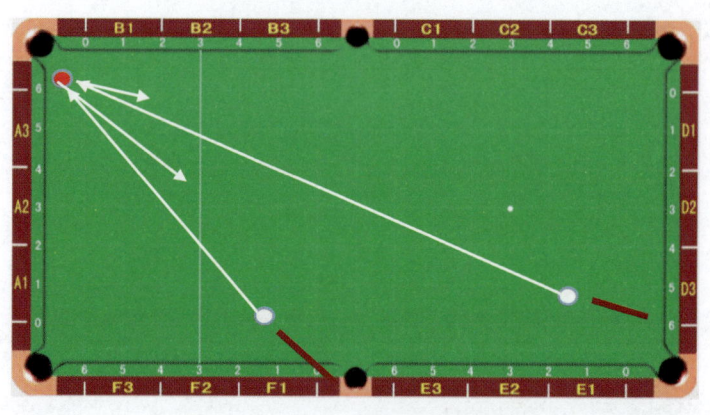

图2-12　远、中距低杆练习示意

（三）贴球低杆效应

（1）**练习目的**：实际体验低杆对贴岸目标球的纵向弧线运动。

（2）练习方法：红色球放在台面左侧上岸贴岸，主球用中下击点撞击目标球的右侧，使主球向后、向右偏转（图2-13）。

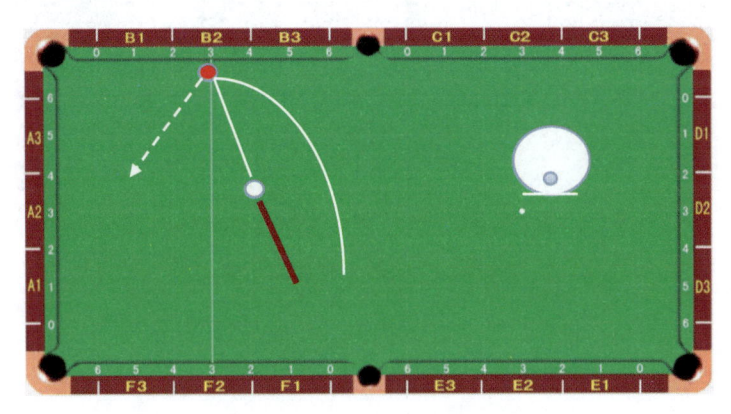

图2-13　贴球低杆效应示意

（四）低杆反弹

（1）练习目的：当主球与目标球与进球方向一致时，为了控制主球走位到合适位置，需要掌握如何控制主球后缩碰岸后的反弹方向。

（2）练习方法：如果要求主球回缩碰岸后反弹更多地向右运动，就打主球的左下击点，反之，就打右下击点，使主球后缩后按计划方向碰岸反弹。初学者开始很难将主球缩回碰岸，关键是力点、力度和穿透力的控制，凡是击点正确、力度适合、球杆能够穿透主球的，都能达到很好的效果（图2-14）。

台球技法解析

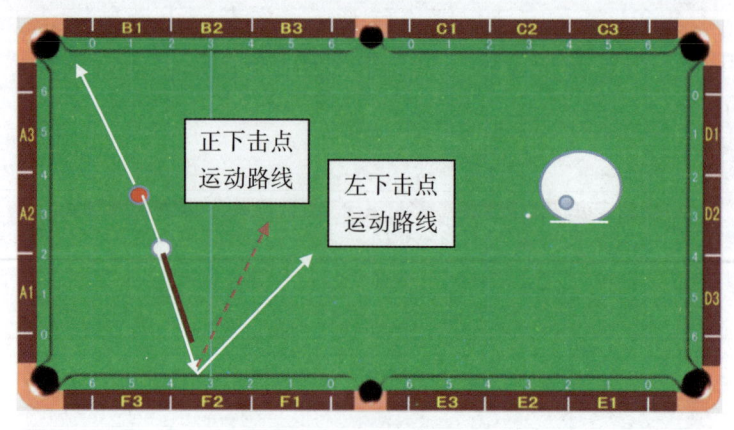

图2-14　低杆反弹练习示意

（五）缩球双击

（1）练习目的：这个技法的应用是很广泛的，都是利用第三球来撞击目标球。

（2）练习方法：主球a和目标球b向过渡球c引直线交于k和m，取km弧的中点d为过渡碰点，主球只要碰到d点就可以击中目标球（图2-15、图2-16）。

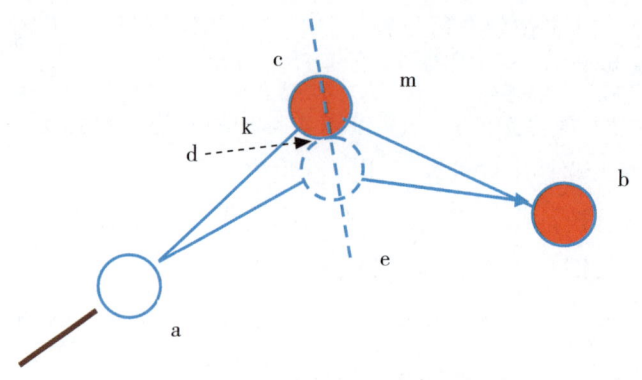

图2-15　缩球双击技法示意

64

图2-16　★缩球双击球例

> **说明**
> 　　本书中有些中式台球的图例中在台球桌面上添加了D形区和开球线，意在说明此方法适用于斯诺克和中式台球，希望读者具体情况具体分析。笔者在书中不再赘述，会在图号后面添加星号（★）标出，以便提醒读者。

四、定杆杆法练习

　　定杆球是台球杆法中的一种基本杆法，通常用于打袋口球、造障碍球等，较容易掌握。

　　定位球的要领在于击点在球心附近，出杆要坚决，控制好力度。

　　定位球的另一种方法：在主球与目标球距离不太远时，可以采用小力度，击打主球的下部，主球撞击目标球后停下。

（一）彩球旁定位练习

（1）**练习目的**：当红色球在彩球旁又没有进球机会时，掌握用定杆将主球准确地停在原来红色球位置的技法。

（2）**技法要领**：要求瞄准球心附近击点，用腕部抖动的力量，出杆果断，使主球不发生旋转运动，将动能传给目标球，自身停在目标球原地。如果力度不够，可能形成推杆，主球发生旋转，在碰撞目标球后还会继续前进一小段距离（图2-17）。

图2-17　★彩球旁定位练习示意

（二）近距定位练习

（1）**练习目的**：当主球与目标球在腰袋口成一条直线时，为避免主球跟进落袋，就需要掌握定杆击球方法。

（2）**技法要领**：主球与目标球距离为50～80厘米，与袋口成直线，如用中杆打定位球，可能会打出推杆或高杆，主球跟进落袋。最好采用中低击点使主球微有后旋，撞目标球后主球可以停在袋口附近（图2-18）。

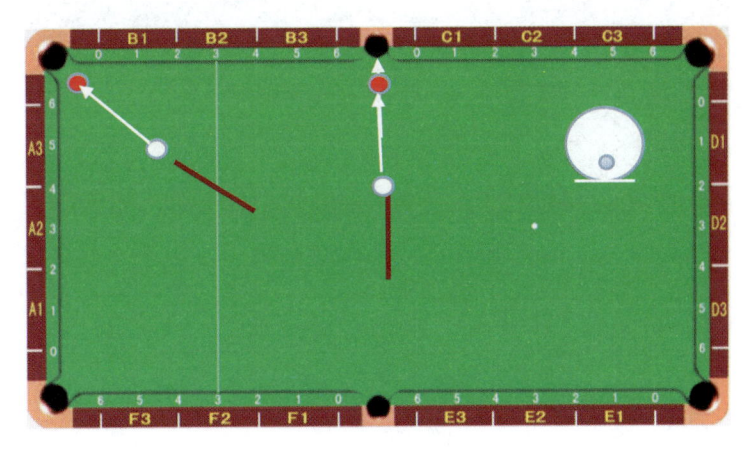

图2-18 近距定位示意

（三）中、远距角袋口定位练习

（1）**练习目的**：掌握中、远距离情况下将主球停住的技法要领。

（2）**技法要领**：初学者在中、远距离情况下打停杆都比较胆怯，怕主球跟进落袋，而世界台球高手像亨特利、威廉姆斯、沙利文等都能轻松地实现远距停球的绝招。关键是击球点要低、穿透度要够、冲击力适当，只要掌握这三要素，就能打出较高水平的中、远距离的定位球（图2-19）。

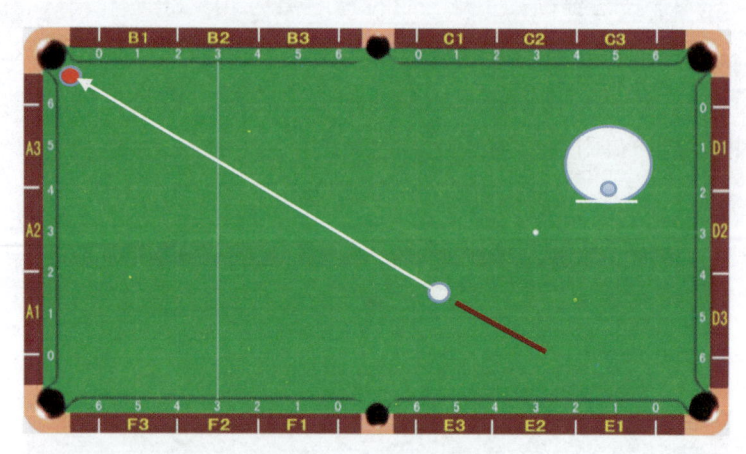

图2-19　中远距定位球

五、旋转球练习（竖轴）

台球的旋转对打好台球或称控制台球关系重大，通过练习掌握球的旋转特性，包括球的前跟、后缩、左旋、右旋以及综合旋转，从而达到较高的台球技法水平。

开始时应从最基本的动作练起，首先要端正打旋转球时的球杆指向，正确的技法是球杆随击点位置的移动而平行移动。初学者最容易犯的错误是球杆转向移动，这样容易发生滑杆或跳球。（图2-20、图2-21）。

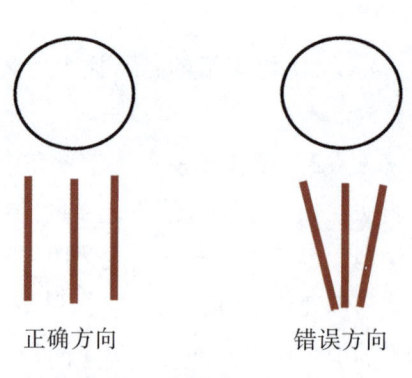

正确方向　　　　错误方向

图2-20　球杆指向练习一

68

正确方向　　　　　　　错误方向

图2-21　球杆指向练习二

（一）远距单向和双向旋转练习

（1）练习目的：通过远距单向和双向旋转练习，掌握不同击点和力度对偏转效果大小的感觉。

（2）练习方法：①远距单向旋转练习，是将球放在台面底岸的右下（或左下）角袋口，以同一击点不同力度使主球直线撞向顶岸后产生不同偏转运动，要求打出最大偏转角。技法要领是掌握穿透度和控制好力度，然后再用同一力度、不同击点（偏左或偏右）打出不同偏转角（图2-22）。②远距双向旋转练习，是把主球放在球台中间下侧位置，垂直撞向顶岸，同一击点不同力度产生不同偏转度，要求打出最大偏转角。同样再用不同的左右击点、同一力度打出不同偏转角（图2-23）。

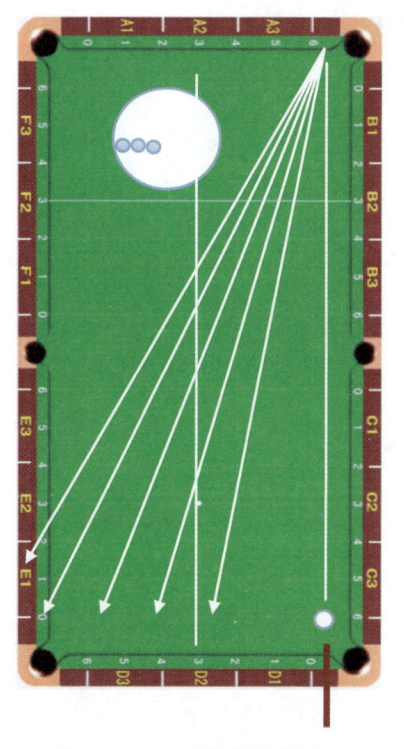

图2-22　远距单向旋转练习

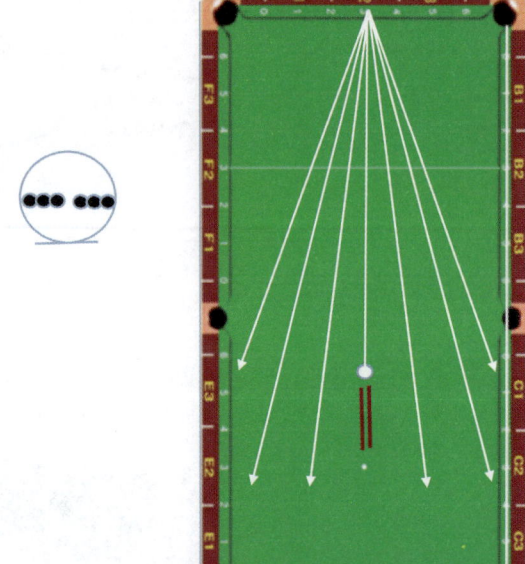

图2-23 远距双向旋转练习

（二）近距旋转练习

（1）练习目的：掌握在近距离情况下，主球在不同力度和不同击点垂直撞岸时的偏转程度。

（2）练习方法：主球垂直于边岸，用左右不同的击点击打，撞岸后产生不同反射角度，要求体会能打出最大偏转角（一般在30°左右），然后再用同一击点、不同力度打出不同的偏转角（图2-24）。

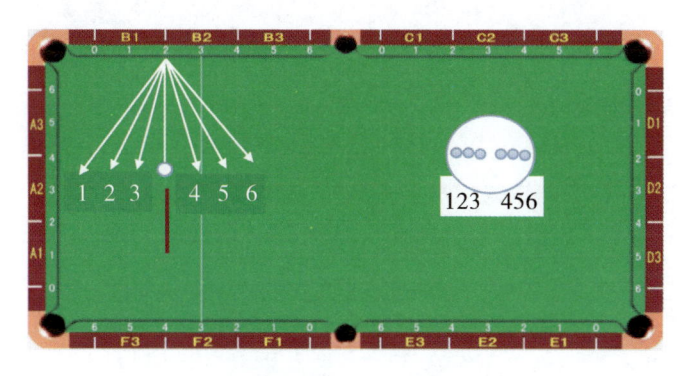

图2-24　近距双向旋转

（三）斜向近距旋转练习

（1）练习目的：掌握主球在不同力度和不同击点斜向撞岸时的偏转规律，以及不同撞击方向对反射角的影响。

（2）练习方法：可以分以下三种情况进行练习。

①单球一次碰岸：其一，同一入射角、同一力度、不同击点（横轴），旋转单球碰岸后的偏转方向是打右偏右，主球击点偏右，碰岸后就更向右偏离（图2-25）。

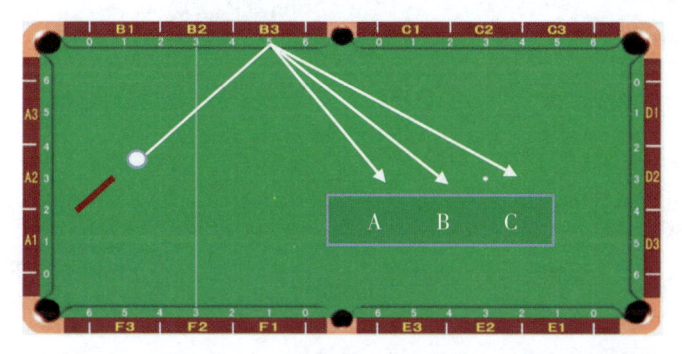

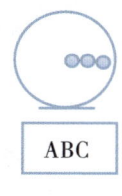

图2-25　单球斜向不同击点（纵轴）线路示意

71

其二，同一入射角、同一力度、不同击点（纵轴），高杆偏转角度大，低杆偏转角度小（图2-26）。

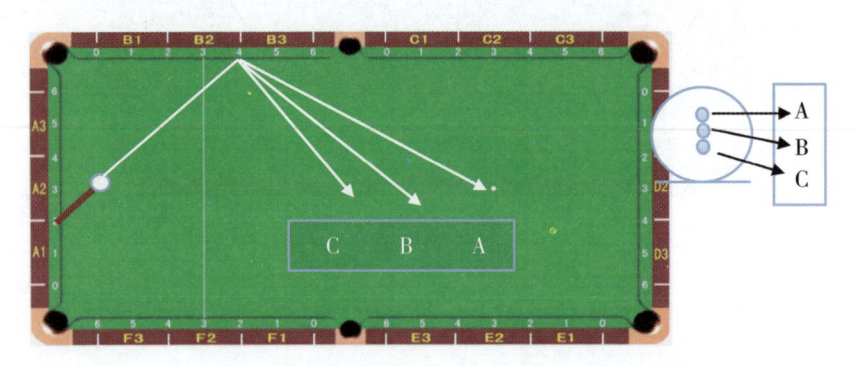

图2-26　单球不同击点（纵轴）线路示意

其三，同一入射角、同一击点、不同力度的练习（图2-27）。

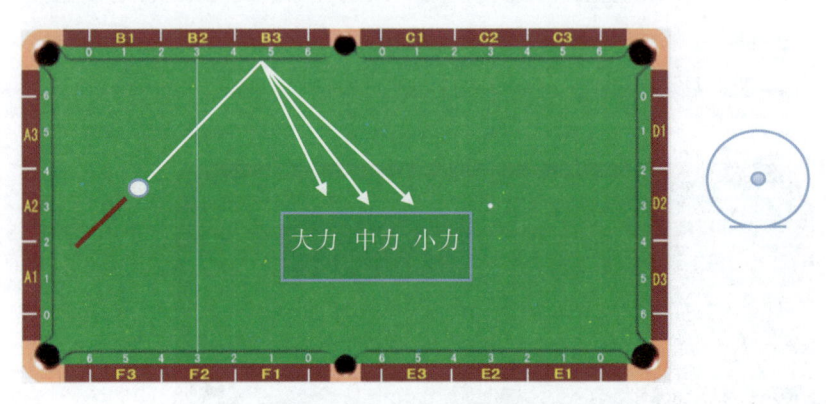

图2-27　不同力度线路示意

②单球两库偏转效应：掌握主球两次碰岸后的偏转效应。不旋转主球一库碰岸时，由于受边库摩擦引起旋转，但反射角还没有发生变化。而当两库碰岸时，主球旋转引起偏转角加大。这是一个很重要的变化，必须考虑加以修正。比如在主球上加塞，或将一库碰撞点移动。在实际比赛中，由于一些运动员没有注意到这个问题，往往造成很大失误。比如，希金斯在解球时没有注意进行旋转修正，12次未解球成功，罚了48分。这个问题在很多台球书籍上没有提到，特此郑重声明，不旋转主球在两库碰岸时，必须进行旋转修正。

旋转修正的方法，取决于主球入射角的大小，以45°入射角为例，一库碰岸点上移一个球径左右。如大于45°，则减少修正量；如小于45°，则加大修正量。通过反复练习，积累修正体会（图2-28）。

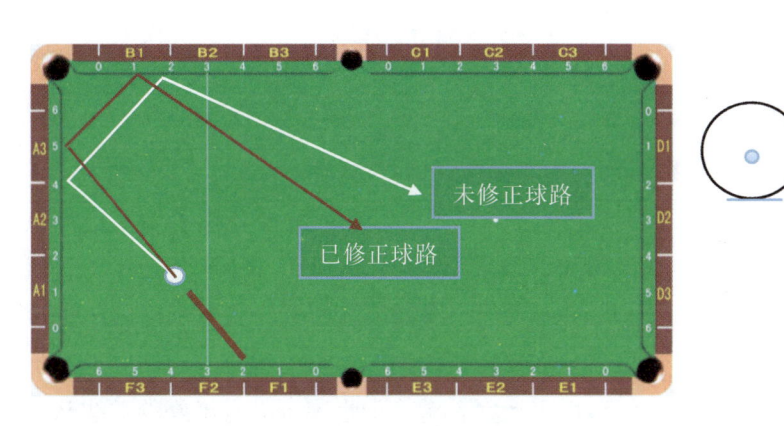

图2-28　两库旋转修正

③台呢绒毛顺逆对球路的影响。将主球从开球区和顶岸附近分别加左塞或右塞后观察主球球路变化，体验台呢绒毛顺逆对球路的影响，以便在比赛中修正球路（图2-29）。

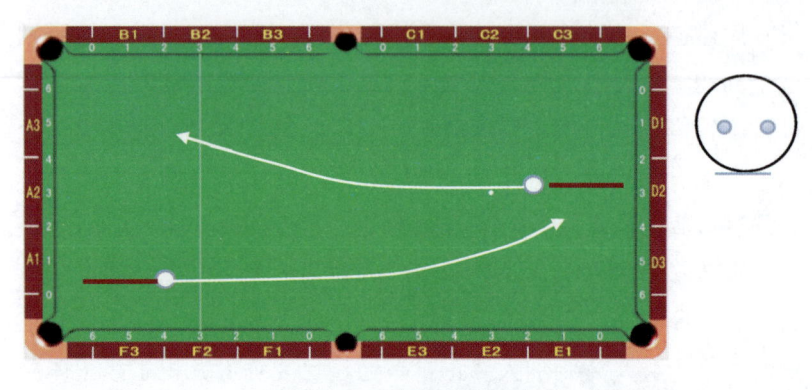

图2-29　台呢绒毛影响

（四）弧线球练习

（1）**练习目的**：掌握弧线球技法。

（2）**练习方法**：在选择弧线球前，先要权衡有否实施弧线球的条件，如果中间的障碍球距离主球太近（小于15厘米），就很难采用弧线球技术。如果主球离岸边太近（5厘米以内）也没法出杆击打。再就是如果台呢太旧，摩擦力很小，也不容易打出弧线球。还有，湿度太大、台呢太滑也不容易打出好的弧线球。只要没有上述状况就符合击打弧线球的条件。

（3）**技法要领**：球杆与台面夹角在30°左右，瞄准方向要避开障碍球；出杆要果断、快速，以加大主球对台呢的压力，使主球能充分利用台呢摩擦力，就能成功打出漂亮的弧线球，切忌优柔寡断、出杆无力（图2-30）。

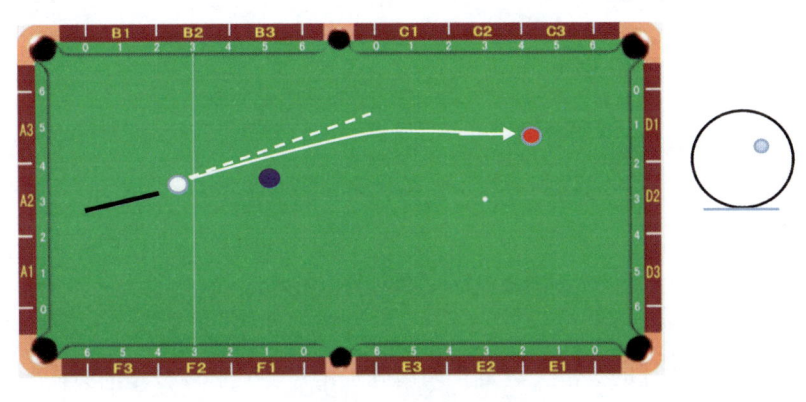

图2-30　弧线球练习

（五）竖棒球练习

（1）练习目的：掌握竖棒球技法要领。

（2）练习方法：实现竖棒球的条件基本与弧线球相似，不同的是主球与中间球距离限制不多，只要能离得开，能出杆就行。竖棒球属于强烈旋转，球杆角度接近于80°左右，接近于直上直下，要求杆头的皮头有较好摩擦力，架手多用凤眼架手，球架主要依托身体的支撑，左手臂紧靠腹部，保证球杆的稳定性。要打出一杆漂亮的竖棒球，关键是快速的冲击力、准确的击点位置和瞄准方向，才能实现计划中的大曲度球路来（图2-31）。

75

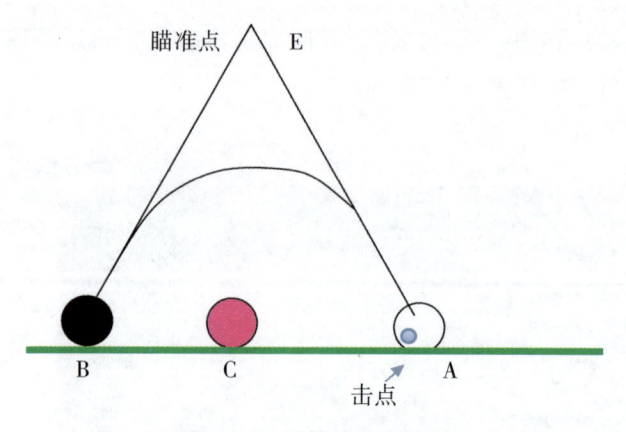

图2-31 竖棒球技法原理

打竖棒球的技法关键是，如何确定击点位置和球杆指向方向，以保证主球能够按预定球路弧线运动。如图2-32所示，先预定主球碰撞目标球B的方向，用直线将目标球和预定位置主球的球心连起来，这样就有了一条BE方向线，在主球A的球心上作一BE的平行线AF，并在这条线上取一个左下击点e，过e点向BE线引直线交于P点，使△BPA是一个等腰三角形（BP=AP）。用球杆指向eP方向并与台面成80°角左右，果断大力出杆，使主球强烈旋转起来。

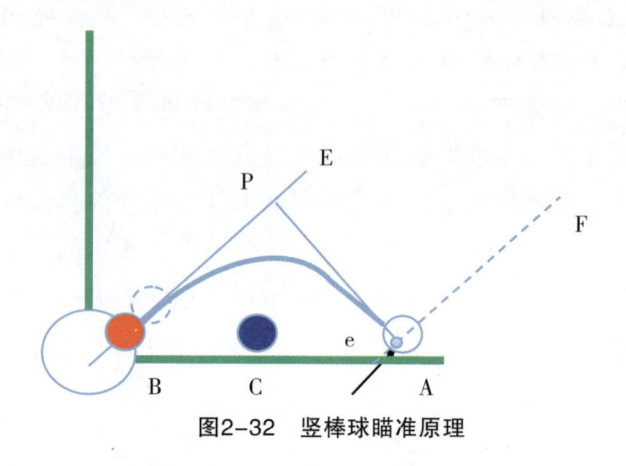

图2-32 竖棒球瞄准原理

在图2-33中，弧线的高低取决于击点位置、力度大小和击打方向，初学者可以在实践中体会。

图2-33 竖棒球球路演示

以上都是单球旋转的练习内容，下面将介绍台面上两个球相互作用时产生旋转后的效应练习。

（六）双球碰岸旋转练习

（1）练习目的：掌握旋转主球碰撞目标球使目标球碰岸后的偏转规律。

（2）练习方法：前面练习了单球碰岸旋转的情况，现在练习双球垂直碰岸旋转和斜向碰岸旋转的技法。

①双球垂直碰岸旋转：将主球与目标球相距30厘米，其连线垂直于上岸。当主球用左塞球去撞击目标球时，由于两球的摩擦使目标球发生右旋，所以目标球碰岸后就发生向右偏转。反之，主球用右偏杆，目标球碰岸后就向左偏转。所以，双球情况下目标球的运动方向与单球相反，即打左偏右、打右偏左（图2-34）。

77

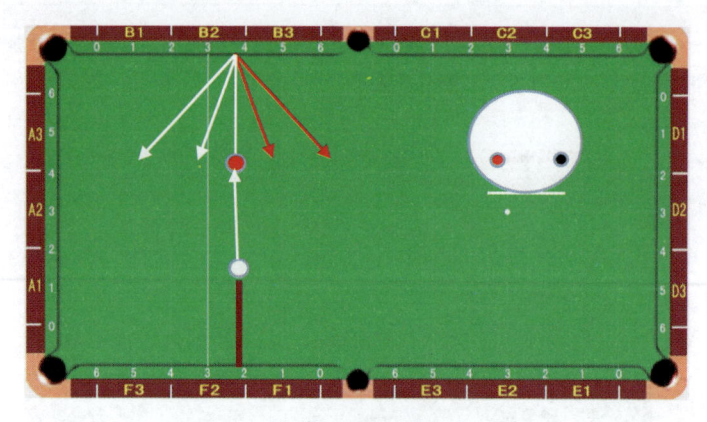

图2-34 垂直撞岸偏转练习

这里要说明的是，球与球的摩擦是弱弹性体摩擦，目标球的旋转度较弱。而球与边岸的摩擦是弱弹性体与弹性体之间的摩擦，所以碰岸后的偏转角度比单球要小。目标球的偏转度、出杆力度与主球旋转速度成正比。

②双球斜向碰岸旋转练习：主球顺旋则目标球反弹角小，反之则大（图2-35）。

图2-35 斜向偏转练习

③双球组合中的主球方向控制：在实际比赛中，经常会遇到主球将目标球击落腰袋后，需要运动到下一击打位置。如图2-36中，下一红色球在下腰袋右侧，主球将蓝色球击落上腰袋后，应该向右运动。因此，必须采用右上击点，主球既跟又右旋，在将蓝色球击落腰袋后，碰上岸后向右偏转到适当位置。

图2-36　主球偏转走位练习

④角袋袋口旋转走位练习：练习击落袋口目标球时，主球不同击点的偏转效应。将目标球放在左上角袋右下侧，主球将目标球击落角袋时，根据下一目标球所在位置确定对主球采用哪种杆法。我们设定四个预定位置A、B、C、D（图2-37）。

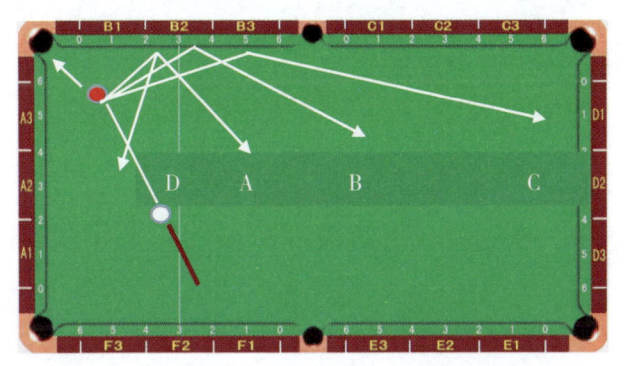

DABC

图2-37　主球走位练习

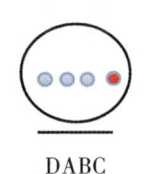

79

六、入袋练习

在台球运动中，将目标球击入球袋是取胜对手的必要条件，入袋练习从基本练习开始，逐步深入，使初学者经过系列的练习达到运用自如，逐步提高入袋的准确性。

（一）开球线直线入袋练习

（1）练习目的：掌握直线入袋的运杆动作和方向感。

（2）练习方法：在开球线附近放5个球，将其逐个击入左上角袋和右下角袋。严格按照运杆的节奏控制好力度，5个球先打左侧（图2-38），后打右侧，以击中5个为及格。

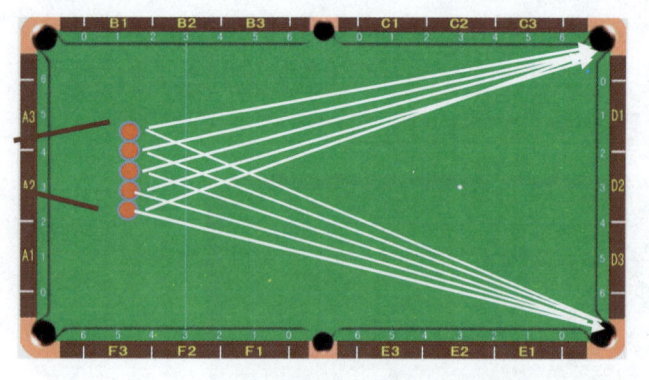

图2-38　直线入袋练习

（二）贴岸球入袋练习

（1）**练习目的**：掌握贴岸球入袋技法。

（2）**练习方法**：将5个红色球紧贴在底岸边和腰袋两侧岸边，将其逐个击入对岸球袋（图2-39）。

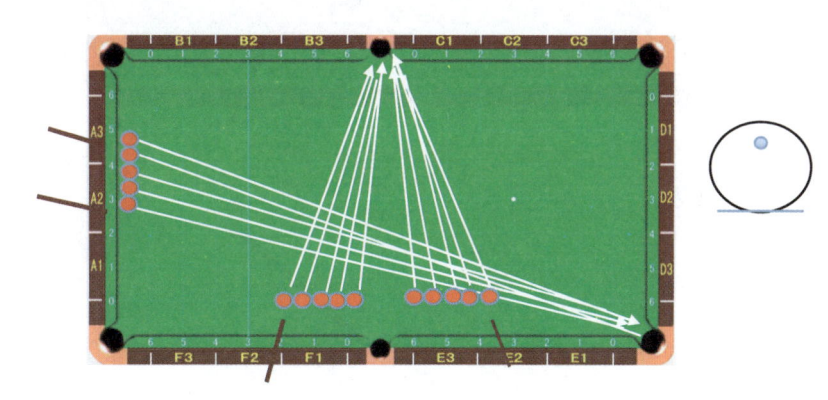

图2-39　纵横入袋练习

（三）贴岸、后斯诺克入袋练习

（1）**练习目的**：掌握后斯诺克时的高手架和稳定出杆技法。

（2）**练习方法**：不少初学者遇到后斯诺克时就胆怯，一是不会运用高手架，二是杆尾抬高后找不准击球点，容易碰到其他球。通过这个练习能熟练使用高手架（或高杆架），并能稳定出杆（图2-40）。特别是后斯诺克情况下，击点范围很窄，只能击打主球的中上击点，形成跟球，为了控制好主球跟进距离，要控制好力度（图2-41）。

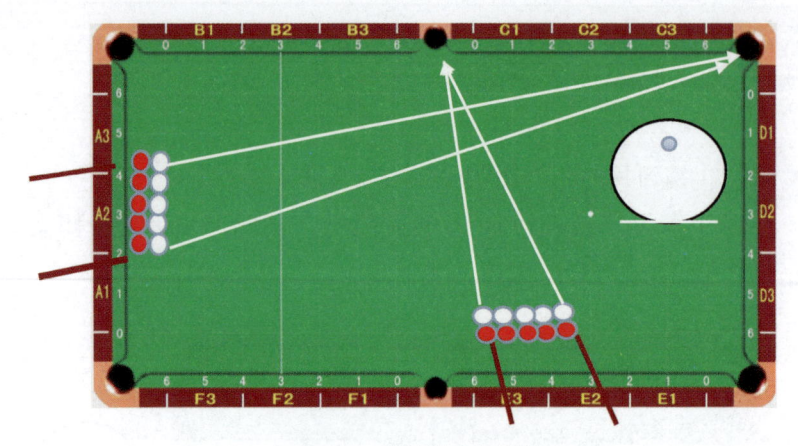

图2-40　后斯诺克入袋练习

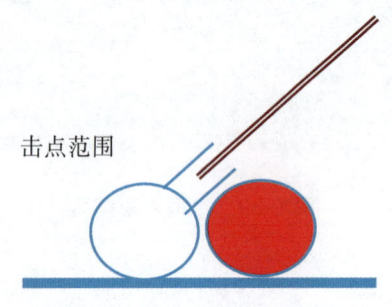

图2-41　后斯诺克击点范围

（四）腰袋口入袋练习

1. 近距近袋

（1）练习目的：掌握腰袋口目标球近距近袋情况下入袋技法。

（2）练习方法：在腰袋口按环形放置5个红色球，主球在靠岸边一侧，距离为30～40厘米，用低杆将第一个红色球击落球袋后，走位到合适位置，继续击打第二个球。

在开始练习时可以在目标球旁放一个主球，作为练习瞄准的靶子，然后再拿开主球，根据一个主球的空间感觉位置作为瞄准方向出杆。当你已经具有很好的感觉后，一般这个空间瞄准点是比较准的。再就是掌握好低杆力度，使主球走位到击打第二目标球比较合适的位置（图2-42）。

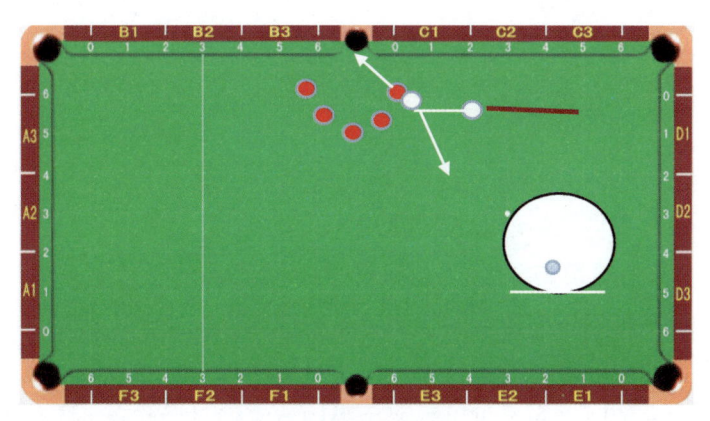

图2-42　近距近袋练习

2. 近距远袋

（1）**练习目的**：掌握主球离目标球较近，而目标球离腰袋较远的情况下入袋技法。

（2）**练习方法**：如图2-43所示，目标球在腰袋一侧，下球的角度变小给入袋增加了难度。为了避免腰袋口的障碍，应该将入袋球路指向袋口远端。确定击点时仍然可以采用将主球放在目标球旁然后再拿开的方法，练习从左右两侧入腰袋的技法。

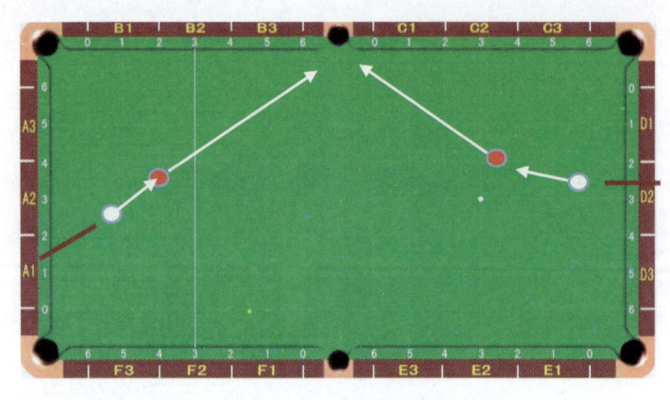

图2-43　近距远袋练习

3. 贴近腰袋口球

（1）**练习目的**：当目标球在腰袋口附近，主球采用薄切或反弹的技法将目标球击入腰袋。

（2）**练习方法**：当目标球在腰袋口且贴岸，主球在同一侧，可以采取一库薄切的技法将目标球蹭入腰袋，主球可以瞄准目标球的对称点，使主球反弹薄蹭目标球入袋。当目标球与主球不在同一侧时，主球可以采取反弹的技法将目标球碰入腰袋（图2-44）。主球瞄准点的确定方法是，在顶岸取主球离上岸距离的四分之一处（具体原理将在"中级技法"中介绍）。

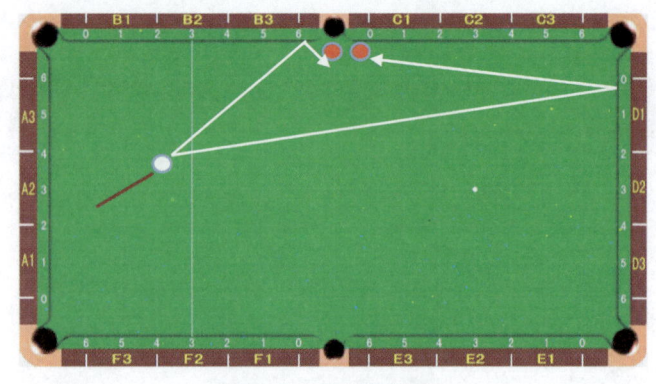

图2-44　腰袋口薄蹭

（五）角袋口入袋练习

1. 近、远距近袋

（1）练习目的：掌握近距近袋和远距近袋的情况下将目标球击落角袋的技法。

（2）方法：红色球放在角袋旁10～15厘米处，主球放在1米和3米两个位置，练习远距情况下如何瞄准（图2-45）。一是可按想象中的主球位置确定瞄准点；二是可以按三点法瞄准（参见本书第一部分的"瞄准诀窍"）。

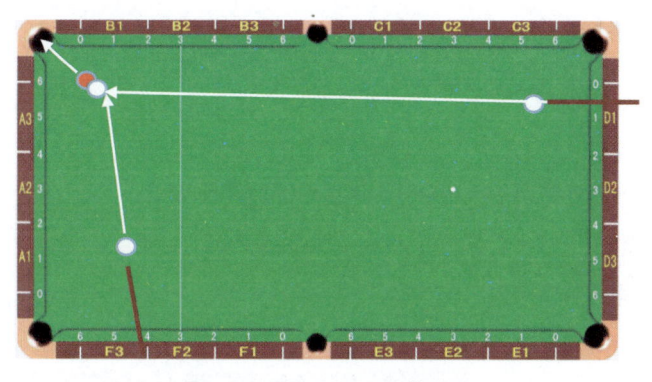

图2-45　近、远距近袋练习

2. 近距远袋

（1）练习目的：掌握近距远袋的情况下将目标球击落角袋的技法。

（2）练习方法：由于主球与目标距离较近，目标球离角袋较远，因此，必须准确确定撞点位置，才能确保入袋。前面介绍的确定瞄准点的方法有很多种，可以选择适合自己习惯的一种进行练习，以方便、准确为前提（图2-46）。

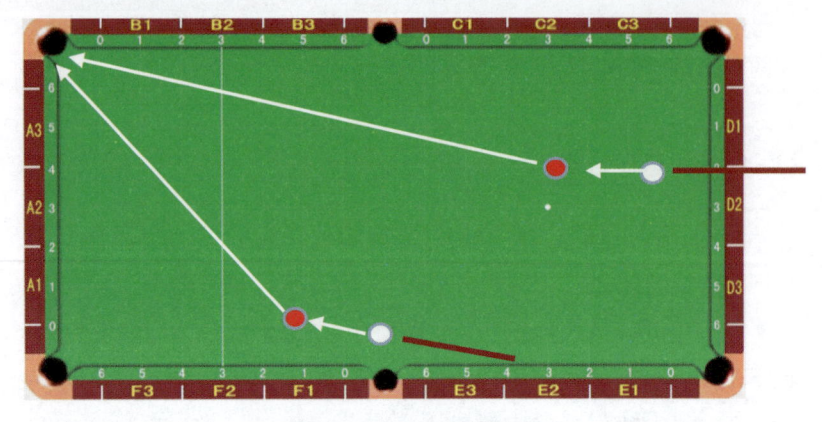

图2-46　近距远袋练习

3. 薄切角袋口球

（1）练习目的：当目标球在角袋口，但主球球路被障碍时，通过练习掌握一库薄切将目标球蹭入角袋的技法。

（2）练习方法：选好目标球上的入袋撞点，取其一次对称点为瞄准点，主球用高杆经一库将目标球蹭入角袋，也可以用弧线球击打（图2-47）。

图2-47　一库薄切

（六）低分球入腰袋练习

（1）**练习目的**：掌握低分球入腰袋技法。

（2）**练习方法**：在台球比赛中，经常会遇到主球在D形区（斯诺克比赛中以开球线中点为圆心，靠近底库半径292毫米的半圆形区域称为D形区）内，只有低分球有入袋机会，在确定球路时必须注意选取腰袋远侧，这样可以避免目标球碰到近侧而弹离腰袋。中式台球中也多见这种球局，练习者不要掉以轻心（图2-48）。

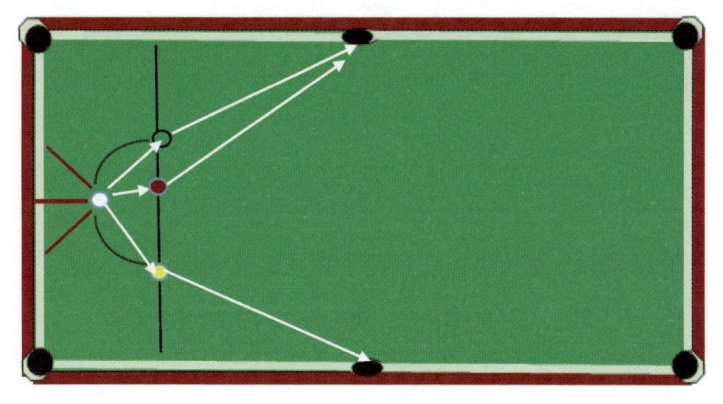

图2-48　低分球入袋练习

（七）五分球入袋练习

五分球的位置在台面中央，可方便地击入六个球袋，所以要求初学者从近距、远距多种方式进行练习。

1. 五分球近距入腰袋练习

（1）练习目的：掌握近距击落五分球的技法要领。

（2）练习方法：将主球半圆形摆放在五分球一侧，有正面的，有侧面的，从不同方向将五分球击入腰袋（五分球旁的白球是想象中的主球）。中式台球和九球中也多见这种球局，练习者应多多练习（图2-49）。

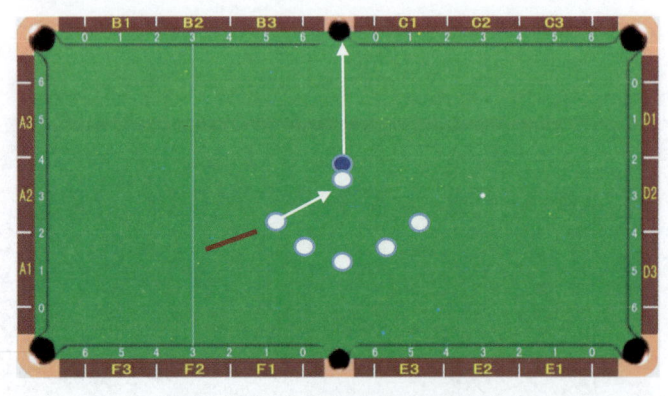

图2-49　五分球近距入袋练习

2. 五分球中距入腰袋练习

（1）练习目的：掌握中距（一米左右）情况下将彩球击落腰袋的技法。

（2）练习方法：中距情况下，主球必须用薄球击打彩球，这就要求选准瞄准点，最好先用主球当靶子进行练习，养成一种薄球的空间感，然后再按瞄准方法进行练习（图2-50）。

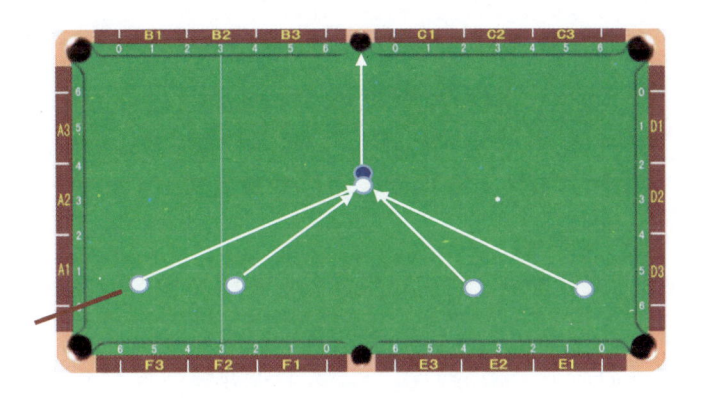

图2-50　五分球中距入袋练习

3.五分球远距入角袋练习

（1）练习目的：熟练掌握对五分球远距角袋直线入袋技法。这是一项必练的基本功法，需经常练习，对于提高入袋命中率很有帮助。

（2）练习方法：主球放在角袋附近，从不同方向练习将蓝色球击落对角的角袋里（图2-51），练习考核标准是10次中击落5次为及格，8次以上为优秀。要求经常坚持练习。

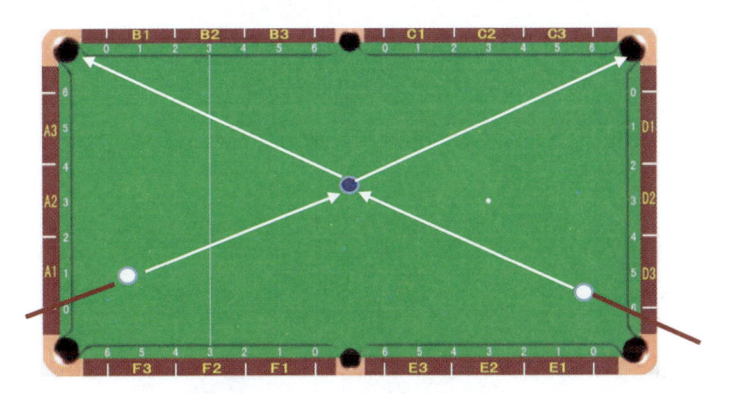

图2-51　五分球远距入袋练习

89

（八）六分球入袋练习

（1）**练习目的**：掌握主球在粉色球周围的不同位置将粉色球击入球袋的技法。

（2）**练习方法**：将主球在粉色球周围按照圆形逐点练习将粉色球击入球袋，因为粉色球可以有四个球袋供选择，所以可能出现顺向或逆向击球的机会，需要很好地把握瞄准技法（图2-52）。中式台球也同样适用此种练习方式。

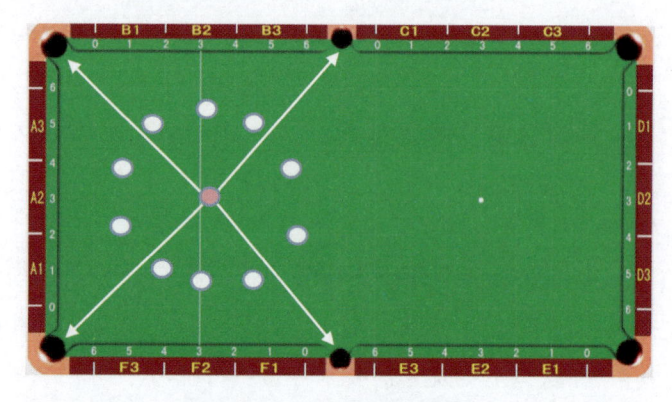

图2-52　六分球入袋练习

（九）七分球入袋练习

（1）**练习目的**：掌握在黑色球周围不同位置将其击入角袋的技法。

（2）**练习方法**：将黑色球击入球袋，使主球或跟进、或后缩、或经一库和两库走位（图2-53）。掌握好瞄准方法和力度，才能做到心想事成，九球和中式台球也可以同样形式练习。

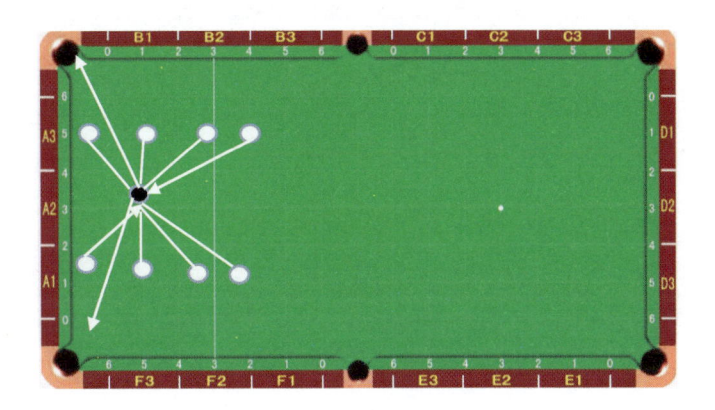

图2-53　七分球入袋练习

（十）薄切球练习

（1）练习目的：掌握打薄切球的技法。

（2）练习方法：在腰袋口放一个红色球，在距离红色球一米左右放两个白色球，一个与红色球入袋角稍有角度，另一个处于极薄位置。练习时可以先放一个白色球，练习空间感，然后进行薄切球练习，先进行稍有角度的薄击，再进行极薄角度的练习（图2-54）。有时台面仅有一个红色球情况下，如果薄击成功，对全局非常重要。所以要多加练习，争取打好薄切球。

特别要注意薄切球情况下主球的力度和速度控制，有时候主球薄蹭到目标球，但目标球移动位置很小，因为给予目标球的分力太小，大部分力量都给了主球的速度上了，所以打薄切球一定要注意力度控制。

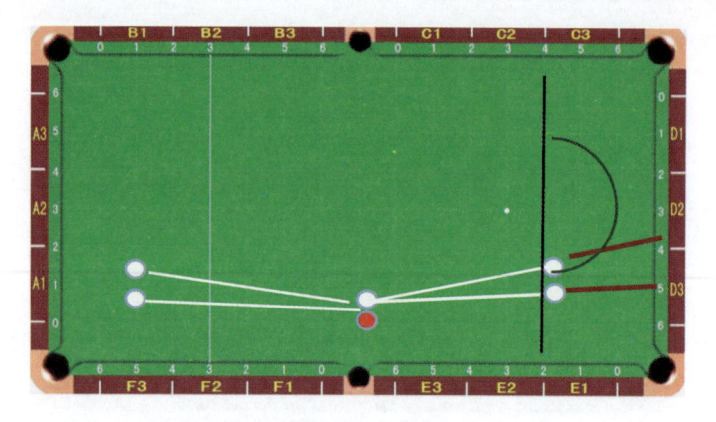

图2-54　袋口薄切练习

（十一）贴边球入袋练习

在台球比赛中，经常会遇到各种情况的贴边球，有主球与目标球都在岸边的直线贴边球，有主球与目标球成斜角的贴边球。我们经常会看到一些很有经验的运动员，在打看似简单的直线贴边球时也会出现误差，所以打贴边球也要认真练习。

1. 直线贴边球入袋练习

（1）练习目的：掌握直线贴边球的入袋技法。

（2）练习方法：将目标球放在主球的近处和远处两种情况进行入袋练习，关键是必须击中直线入袋撞点，才能准确入角袋，另外在力度上不宜过猛。击点选择有两种意见，一种是采用中点或中上击点直接碰入袋撞点；另一种是采用加塞办法，加塞后可以使目标球到袋口时靠摩擦力蹭入角袋（图2-55）。请大家在实践中去体会。

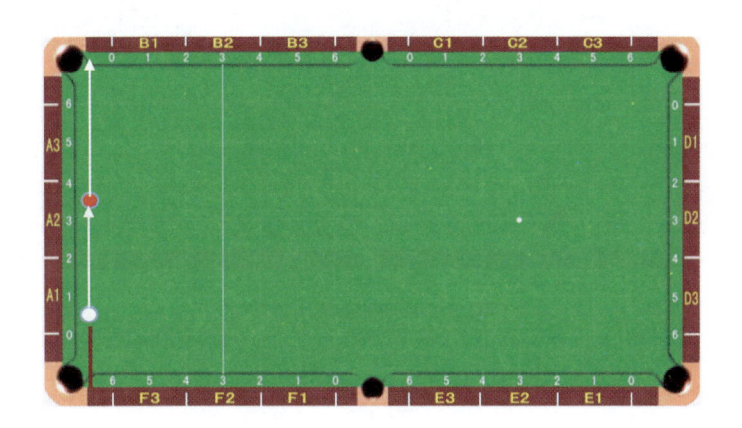

图2-55 贴岸平行练习

2. 斜角贴边球入袋练习

（1）练习目的：掌握斜向打贴边球的技法。

（2）练习方法：按理论分析，主球只要能准确碰撞目标球的指向袋口的撞点，就能将之击落。但稍有偏差就会偏离球袋。这里介绍一种技法，利用薄切的办法将目标球蹭入球袋（图2-56）。具体技法是：如果主球在目标球左侧，就采用左塞。瞄准时要距离目标球约3毫米，主球撞岸时发生偏左运动从而轻蹭目标球，使目标球发生左旋运动，若碰到袋口一侧，由于目标球的旋转，就可以靠摩擦力擦入球袋（图2-57）。

台球技法解析

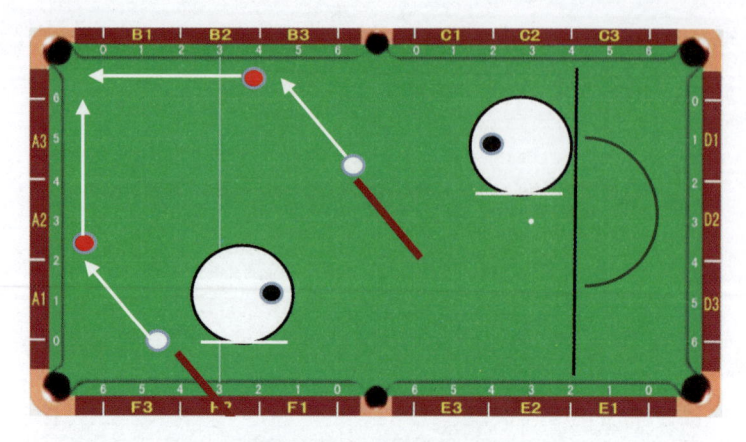

图2-56　贴岸薄切练习

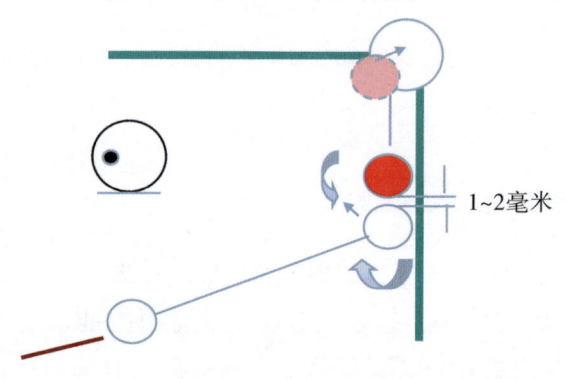

图2-57　薄切原理

1~2毫米

3. 远距薄切贴边球入袋练习

（1）练习目的：掌握远距情况下将贴岸目标球薄切入角袋的技法。

（2）练习方法：目标球放在右上角袋口附近，主球在底岸附近，距离约3米。如果此时台面仅有黑色球，能否击落角袋，则决定双方胜负。很多初学者是不敢打这种球的，其实，只要掌握好技法要领也是可以解决的。运用前面所介绍的技法，用左旋球、留1~2毫米空隙，将目标球蹭入角袋，是完全可能的。平时要多练习，关键是留好空隙，打出左塞来（图2-58）。

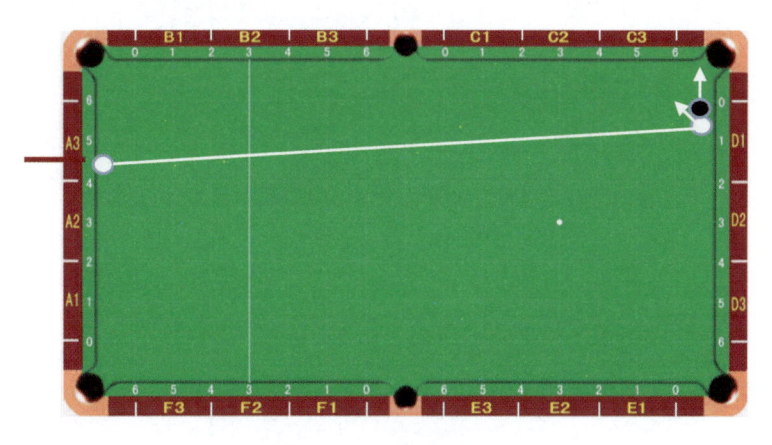

图2-58 远距薄切练习

4. 近距垂直薄切贴边球入袋练习

（1）练习目的：掌握在垂直情况下将目标球薄切入袋的技法。

（2）练习方法：当主球与目标球的相对位置处于垂直情况时，有的初学者就准备放弃。事实上这种球势与纵向一样，

台球技法解析

仍存在入袋机会。利用前面介绍的薄切技法要领，只要留出一点点空隙，打出右塞来，主球弹库后，方向向右偏离，就可以将目标球蹭入角袋（图2-59）。

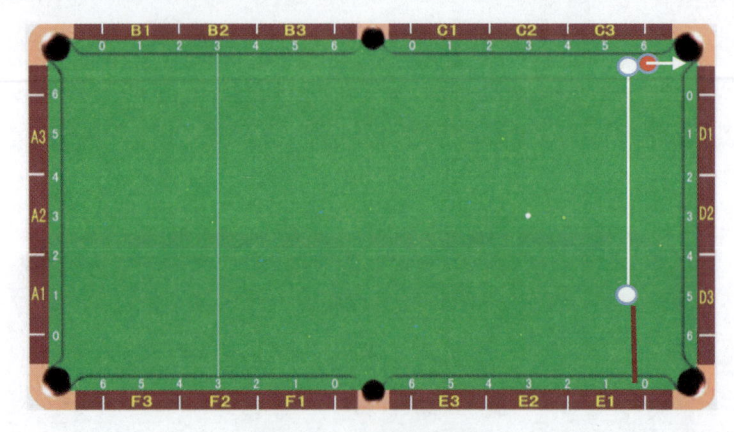

图2-59 垂直薄切练习

第三章
中级技法

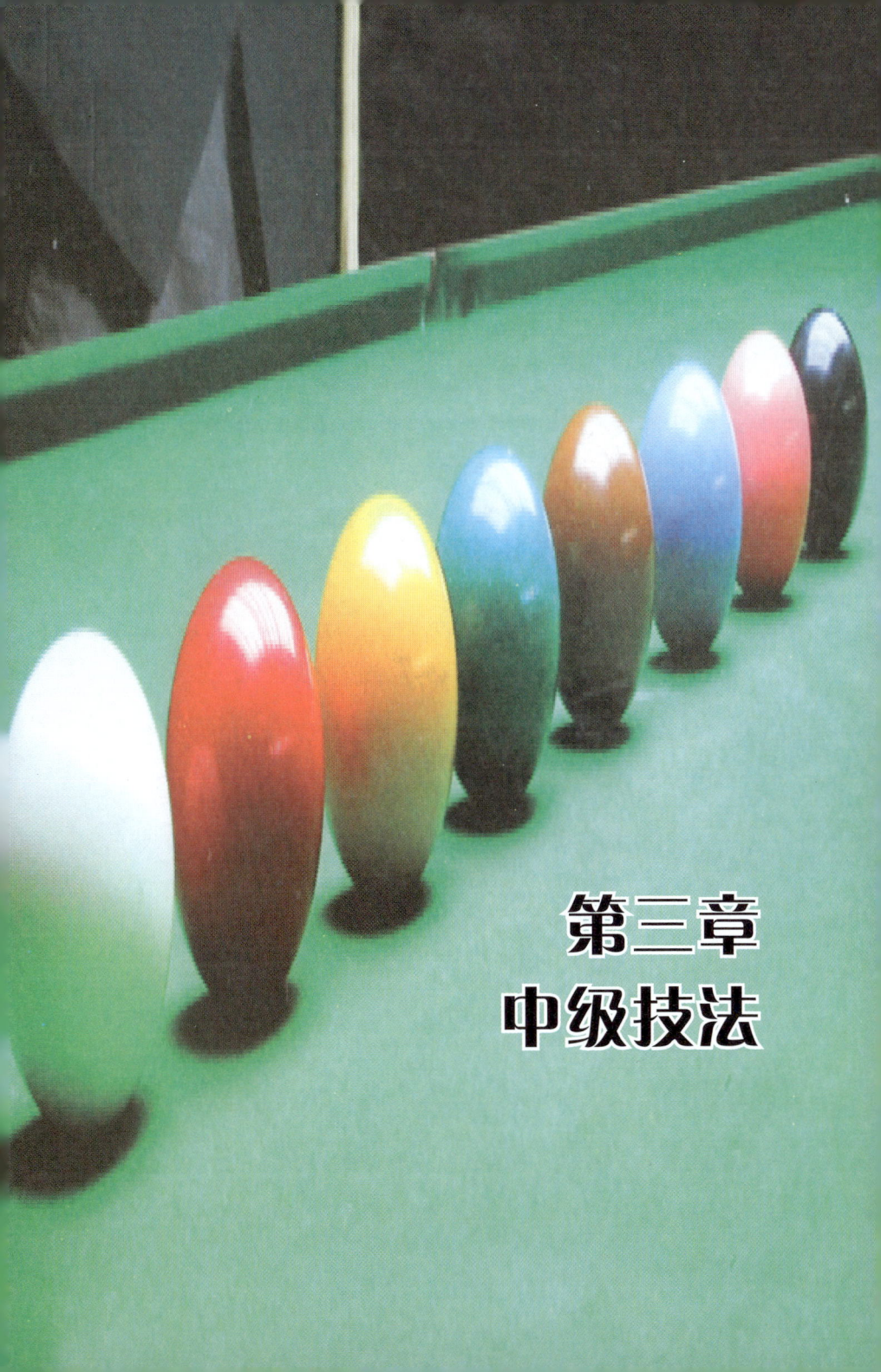

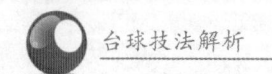

中级技法练习主要是一些特殊技法，要求在初级技法练习的基础上，每项练习均达到及格以上成绩，才能进行中级技法练习，同时初级技法也要经常练习。

中级技法练习的主要内容有：反弹球、倒顶球、借力球、组合球、撞堆与踢球等。

一、反弹球技法练习

反弹球技法练习包括目标球贴岸反弹、离岸反弹，以及黄金反弹、S形两库反弹和M形三库反弹。

（一）目标球贴岸反弹

（1）**练习目的**：掌握目标球贴岸情况下的反弹入袋的技法。

（2）**练习方法**：根据入射角等于反射角的原理，可以先放一个白色球为瞄准空间练习球，然后拿开后进行练习。练习时，可以将主球放在不同位置。

如图3-1中左侧的情况，可以采用反向反弹的办法，将目标球反弹入左下角袋或下腰袋。

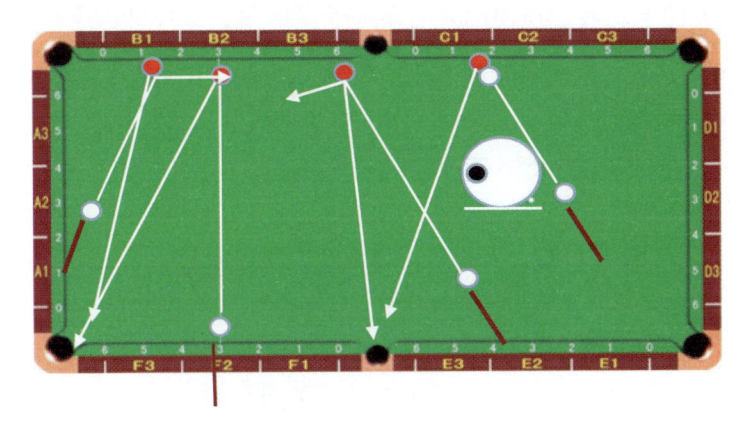

图3-1　★贴岸反弹练习

从图3-2中可以看出，不论主球在什么位置，只要瞄准点在入射角线上准确碰撞入袋碰撞点，并且主球击打目标球之后不阻碍目标球的运动轨迹，就可以将目标球反弹入下腰袋。

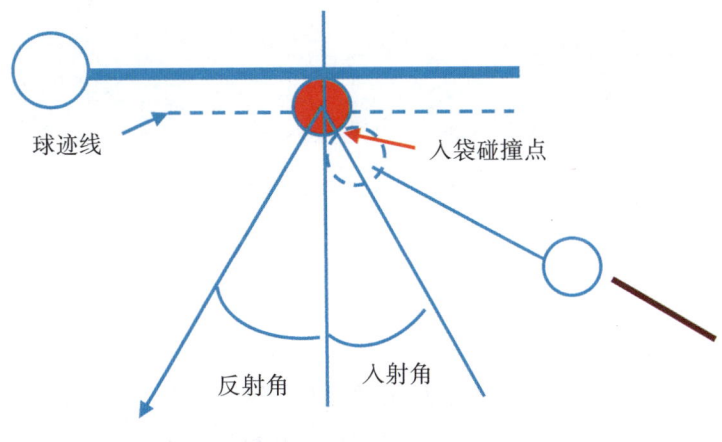

图3-2　贴岸反弹原理

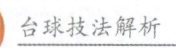

要注意，我们所说的入射角等于反射角，是指目标球心在球迹线上的入射角等于反射角，不是指岸边的入射角和反射角。

（二）目标球离岸反弹

（1）练习目的：掌握目标球离岸情况下反弹入袋的技法。

（2）练习方法：可以设想，假如目标球就是主球，那么只要依照入射角等于反射角原理就可以反弹入下腰袋。但是实际上主球与目标球并不一定在一条直线上（图3-3）。所以，下面介绍一种新的瞄准技法。

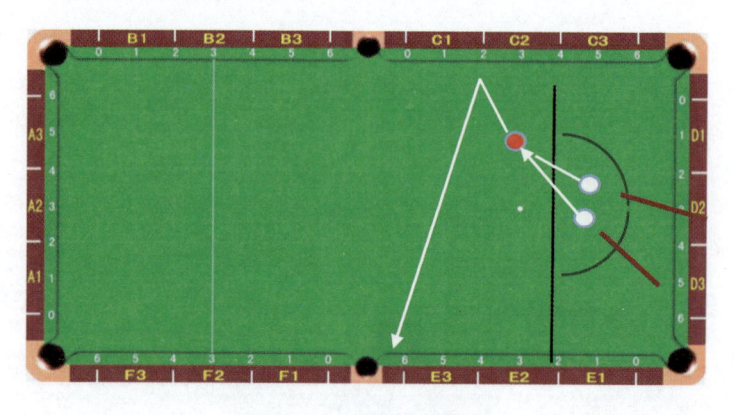

图3-3　★离岸反弹练习

从图3-4中可以看出，目标球离岸情况下，其入袋反弹点应该在E点，EF是入射线。主球只要在入射线上找到入袋撞点K就可以了，符合入射角等于反射角原理。确定K点做法是：从下腰袋口H到目标球B引直线交于G点，再在目标球上取对称点P，BO线是角HBP的等分线，只要取右半侧弧线OP的中点处就是入袋撞点K。这个K点就在入射线上。

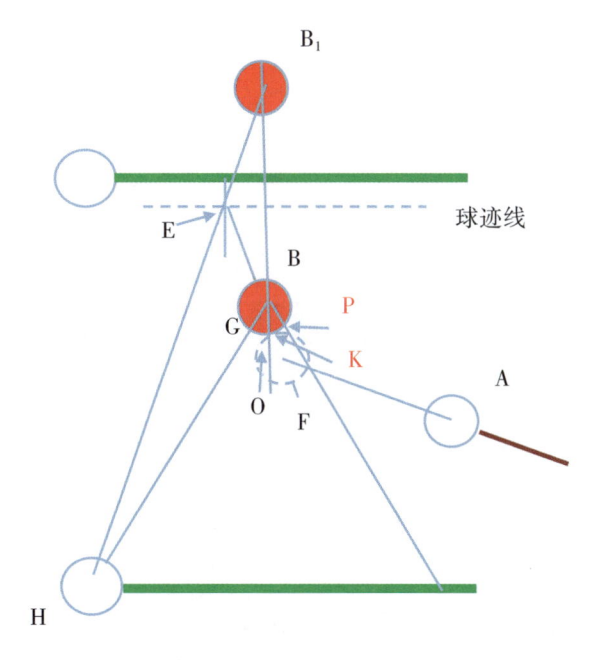

图3-4　离岸反弹原理

以上操作过程似乎很复杂，实际上只要先确定G点，再取对称点P，取GP弧段的1/4处就是入袋撞点K。主球只要撞到K点就可以将目标球反弹入下腰袋。

（三）黄金反弹球

（1）**练习目的**：掌握黄金反弹的技法要领。

（2）**练习方法**：黄金反弹的概念是指主球击打目标球后，目标球经两库或三库反弹进入腰袋。

（3）技法要领：如图3-5上有两条虚线，左侧是左上角袋到下腰袋，主球击打目标球使它经两库折向腰袋，主球只要按这条虚线向左偏离一定角度就可以了，具体原理将在高级技法中的"平行线原理运用于两库解球"中介绍。

图3-5　★黄金反弹

另外，右侧的虚线是从上腰袋向右下角袋方向，主球击打目标球使其从一库到两库的球路略向下偏斜于虚线方向，一般经验点在右下角袋上方15～20厘米处，使其经三库进入上腰袋。

以上方法需要经过大量练习体会，找到一种感觉，就能实现黄金反弹。

（四）S形两库反弹

（1）练习目的：掌握S形两库反弹技法要领。

（2）**练习方法**：在台球比赛中，经常会遇到台面上球的位置比较分散，需要用S形球路来解决解球问题（图3-6）。

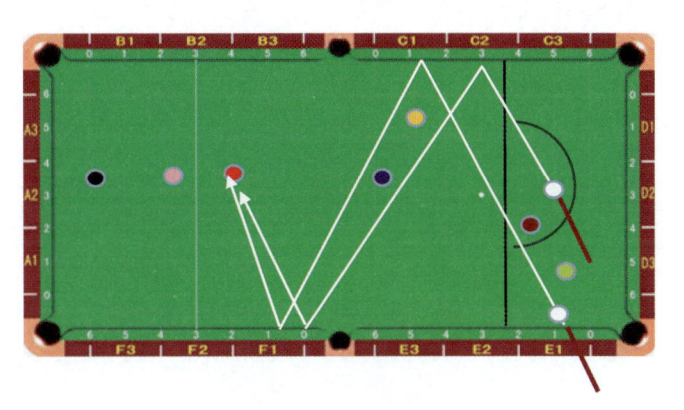

图3-6　S形两库反弹

（3）**技法要领**：如果主球与目标球离上岸距离相等时，只要取两球横向距离的1/4处为解球瞄准点（注：具体原理在高级技法中介绍）。如果主球在下岸处，则取两球横向距离的2/5处为解球点，都可以实现S形反弹解球。

在上下反弹过程中，岸边的摩擦力对台球会发生左旋或右旋效应，修正办法是偶数不修。再就是由于球路较长，应该适当加大力度（具体原理在高级技法中介绍）。

（五）M形三库反弹

（1）**练习目的**：掌握M形三库反弹技法要领。

（2）**练习方法**：M形反弹比S形反弹难度要大，因为球路很长，力度控制很重要。但是，力度太大会使球路变形，太小了不能到达目标球。

（3）技法要领：如果主球与目标球离上岸距离相等，则瞄准点取两球横向距离的1/6处为解球瞄准点。如果主球在下岸处，则瞄准点在2/7处（图3-7）。考虑旋转效应，奇数要修正，将瞄准点往后移动一段距离（具体原理在高级技法中介绍）。

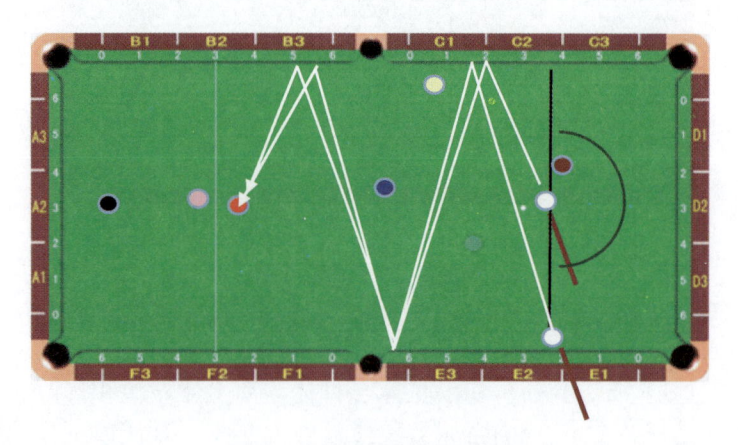

图3-7　M形三库反弹解球

二、倒顶球技法练习

当目标球离上岸一段距离时，除了用反弹技法外，还可用倒顶技法将目标球顶入球袋，在斯诺克中也可用来造障碍球。

（一）近距倒顶球入袋

（1）练习目的：掌握倒顶球技法要领。
（2）练习方法：可以先将一个白色球放在红色球的进球

线上，然后取白色球的对称点，主球瞄准对称点经一库反弹就可到达进球线上，推红色球入下腰袋（图3-8、图3-9）。

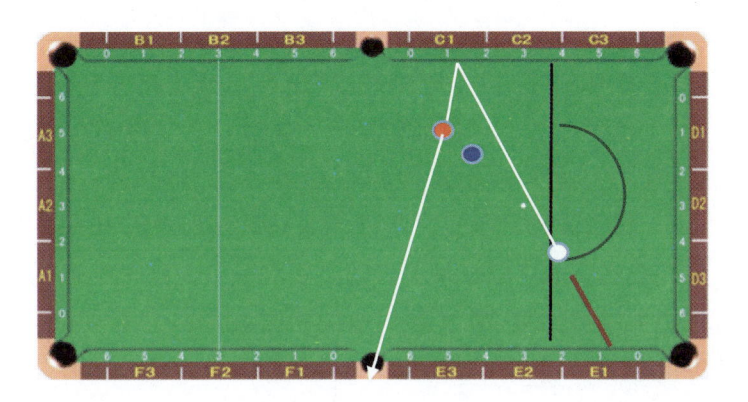

图3-8 ★近距倒顶球

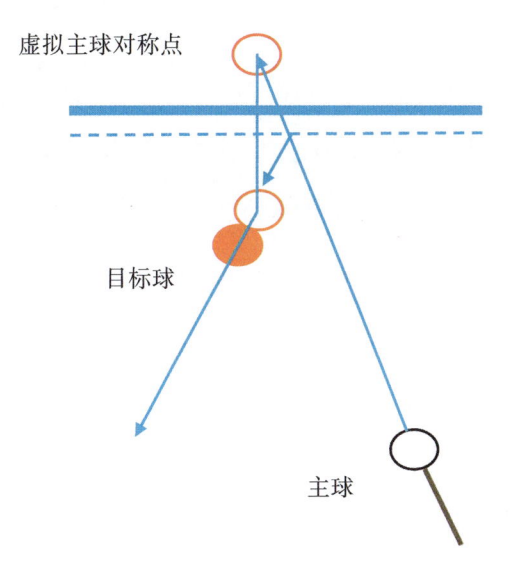

图3-9 近距倒顶入袋原理示意图

（二）中距倒顶球入袋

（1）练习目的：掌握中距倒顶球入袋的技法。

（2）练习方法：当目标球处于下角袋口，主球不能直接击球入袋时，可以利用远距倒顶入袋的技法（图3-10）。

（3）技术要领：确定入袋撞点，然后按入射角和反射角原理，选定一库瞄准点就可以了。需要多次练习，形成感觉。瞄准点可按照主球和目标球离上岸距离的比例来确定（具体原理在高级技法中介绍）。

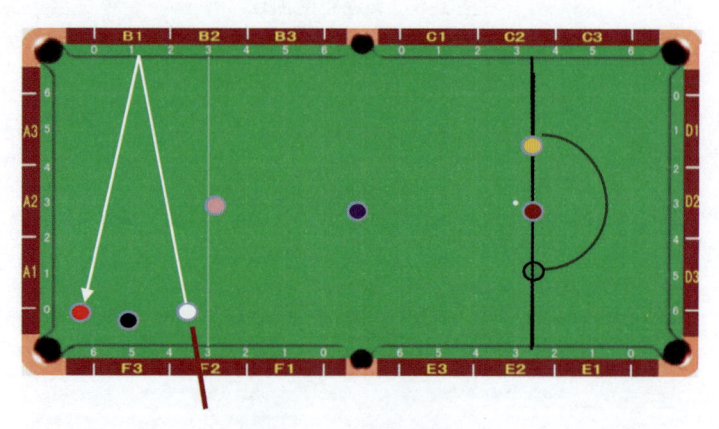

图3-10　中距倒顶球

（三）远距倒顶球造障碍

（1）练习目的：掌握远距离倒顶造障碍球的技法。

（2）练习方法：当红色球在黑色球一侧，主球在底岸区，没有进球机会时，可以利用倒顶技法将目标球一库顶走红色球后，主球留在黑色球后面，造成障碍球。

（3）技法要领：取红色球的对称点E，主球瞄准E点用低杆技术，既可准确推开红色球，又可留在原位，需要掌握好力度，反复练习（图3-11）。

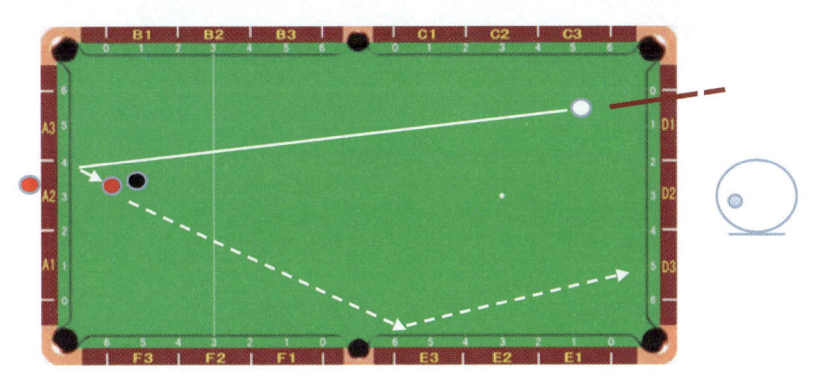

图3-11　远距倒顶球

（四）半台两库顶球

（1）练习目的：掌握两库顶球技法。

（2）练习方法：如图3-12所示，当黄色球没有直接进球机会时，可以利用两库顶球将黄色球经一库入袋。

（3）技法要领：利用平行线原理确定击打黄色球的一库撞点E，这个点应该能使黄色球一库入上腰袋。但要击准这个点是比较困难的，也存在一定的运气成分，但原理上是有进球的，在花式台球表演中可以看到，经过反复练习，还是有一定的成功率的（图3-12）。

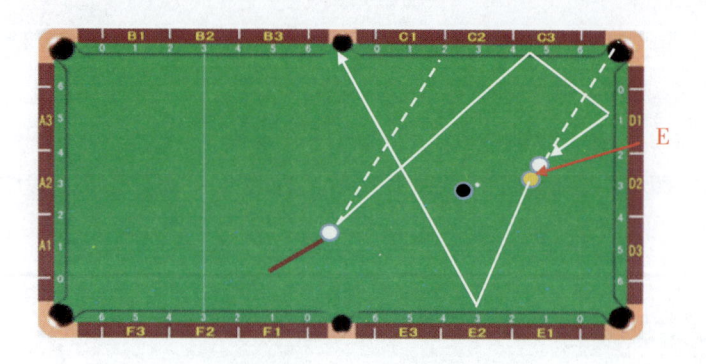

图3-12 ★半台顶球

（五）远距三库顶球

（1）**练习目的**：掌握远距三库顶球的技法。

（2）**练习方法**：在花式台球表演时，要求主球经三库后击中红色球，将其推入三角框架。

（3）**技法要领**：先在下腰袋右侧10厘米处设一个过渡点E，从E点向右上角袋作一直线EO，过主球作直线平行于EO交上岸于P，取PO线段的1/2处K为瞄准点，用高杆，就可以实现三库顶红球入三角框架（图3-13）。

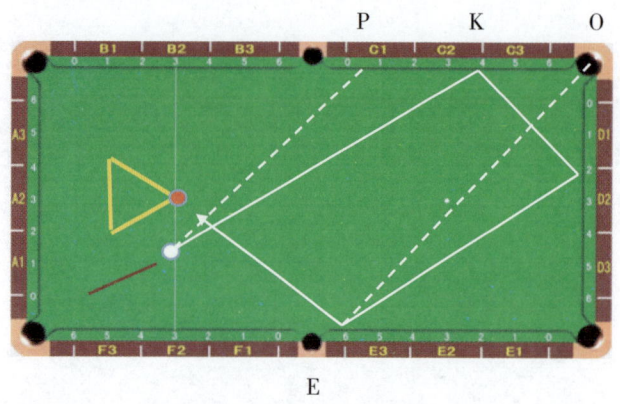

图3-13 远距三库顶球

三、借力球技法练习

（一）远距借力球

（1）练习目的：掌握远距借力入袋技法。

（2）练习方法：当没有直接击球入袋条件时，可以利用借力球打法，通过第一颗红色球的借力将角袋口的棕色球击落（图3-14）。

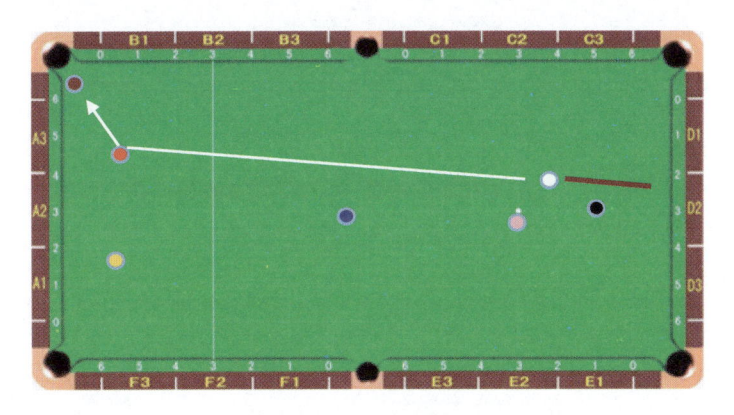

图3-14　远距借力球

（3）技法要领：在技法上主要考虑分离角度，可以采用中杆或者低杆的技法。

（二）贴球垂直借力

（1）练习目的：掌握用蓝色球的阻力将目标球挤入腰袋的

技法。

（2）**练习方法**：当红色球紧靠蓝色球时，主球只要击打红色球一侧，依托蓝色球的阻挡，将红色球挤入上腰袋。同样当红色球和黄色球在腰袋口时，也可采取同样打法，将红色球挤入腰袋（图3-15）。

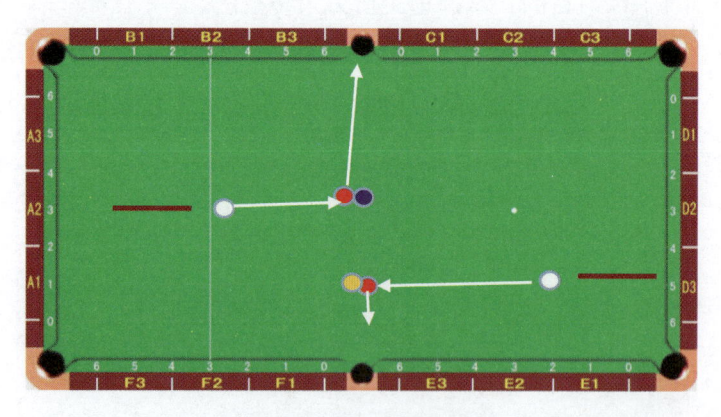

图3-15 贴球垂直借力

（三）三角形借力球

（1）**练习目的**：掌握三角形借力入袋的技法，在斯诺克、中式台球和九球中均可应用。

（2）**练习方法**：利用初级技法中介绍的双球低杆技法，主球借粉色球的反弹力使主球分离偏向洞口的红色球，将其推入角袋（图3-16）。

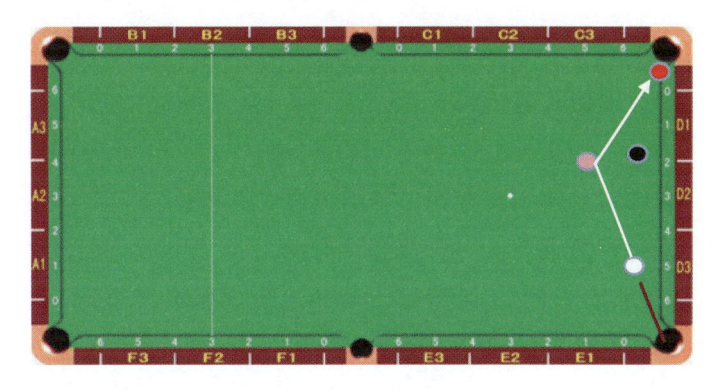

图3-16 三角形借力球

四、组合球技法练习

（一）紧贴组合球

（1）**练习目的**：掌握紧贴组合球的入袋技法。
（2）**练习方法**：当紧贴的两个球指向偏向球袋一侧时，千万不要放弃机会，可以利用球与球之间的啮合效应，按照偏左打左、偏右打右的要领，将组合球的前端球击落球袋（图3-17）。

图3-17 紧贴组合球

（二）未紧贴组合球

（1）练习目的：掌握调整重组组合球的技法。

（2）练习方法：当两个实球未紧贴，但存在调整组合球机会时，也要抓住机会，调整好击球角度形成组合球效果。关键是找好第二球的入袋撞点位置，再调整主球的击打方向就可以了（图3-18）。

图3-18　未紧贴组合球

打好未紧贴组合球是很有用的，使得本来认为不可能的事成为可能，为取胜增加了先机。

（三）多球组合

（1）练习目的：掌握多球组合的技法。

（2）练习方法：当多个球体不规则组合时，只要具有紧贴组合球的传递效应，都是可以利用的。

当发现台边有一串紧贴多个组合球时，不要浪费了机会（图3-19）。

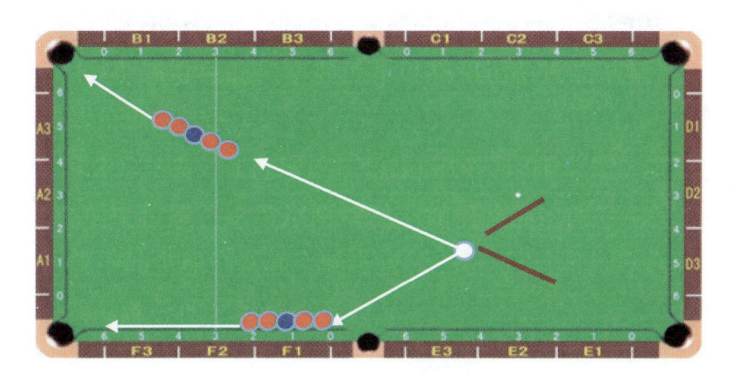

图3-19　串球组合

当有多个紧贴的组合球，虽然不是直线型的，但头尾都是相连接的球，就可以利用多球组合入袋（图3-20）。

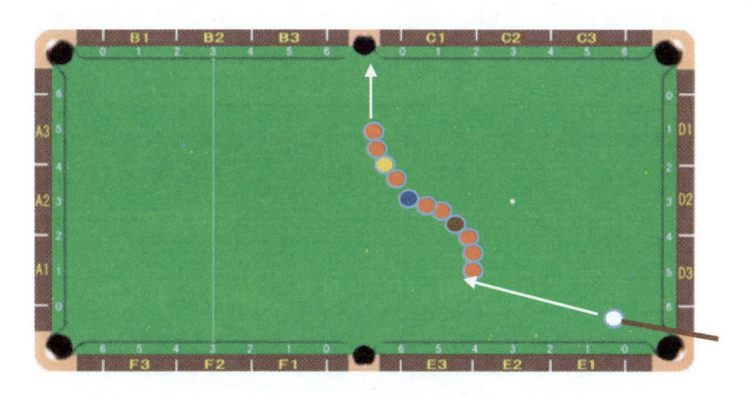

图3-20　蛇形组合

113

要利用一切可利用的进球机会，当菱形球堆型组合球指向角袋时，应该充分利用（图3-21），前提当然是判断正确，也就是说前端球是否有进球。

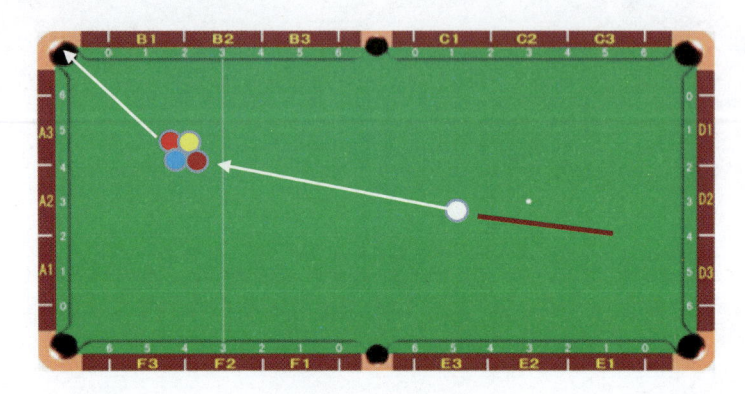

图3-21　菱形组合

当三角形球堆有一个角指向球袋时，有两种情况，一是底边指向球袋；二是三角形的一个角指向球袋。在实际的台球比赛中，运用虽然不多，但它能较好地体会台球运动的特性。在花式台球比赛中会常常用到（图3-22、图3-23）。

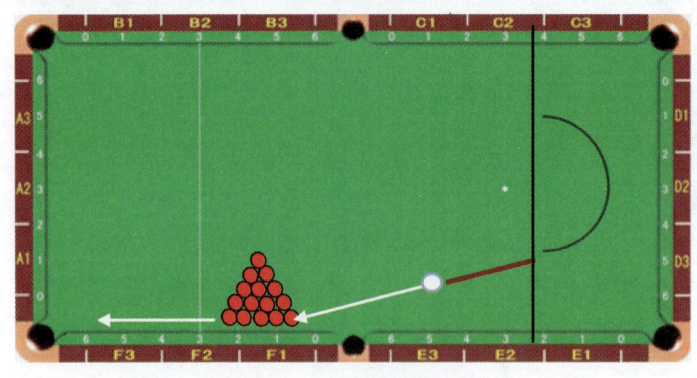

图3-22　三角形球堆组合一

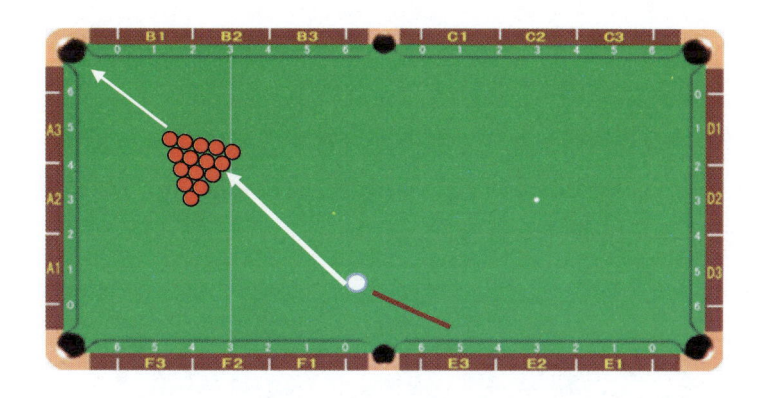

图3-23　三角形球堆组合二

五、撞堆与踢球练习

高水平的台球运动员在比赛时，一般都要计划后几步的球路，如果下一步不具备进球机会时，就要设法制造机会，因此需要掌握一种特殊技法，就是撞堆（又称炸球）和踢球（又称K球），其技法的共同特点是选择好击点位置和控制好力度，使得主球碰撞目标球后向计划的方向运动。

（一）撞堆技法练习

根据主球和球堆位置远近，可以分近距撞堆和远距撞堆。近距撞堆比较简单，而远距撞堆需要多库走位再撞球堆，如利用五分球撞堆、利用低分球撞堆，都需要设计好球路。

1. 近距撞堆

（1）练习目的：掌握近距撞球堆的技法。

台球技法解析

（2）**练习方法**：当击落黑色球后没有下一红色球进球的机会，就可采取撞击球堆的技法，撞开球堆制造机会。如图3-24所示球势，可选择中下击点，用中等力度即可撞开球堆。撞堆水平主要体现在能够准确撞向某一个球，并能使球堆中的球按计划轨迹运动，需要精确控制击点和力度。

图3-24　利用七分球撞堆

2. 中、远距撞堆

（1）**练习目的**：掌握利用五分球中、远距撞堆和利用低分彩球远距撞堆技法。

（2）**练习方法**：可以分为以下三种情况进行练习。

①利用五分球中距撞堆：根据主球和五分球（斯诺克的叫法，也就是中式台球的两个中袋的中间位置）的角度位置，确定选用中点或中点偏下的击点，发力使主球撞向球堆，达到撞散球堆制造出下一杆进球机会的目的，也可用左上击点实现两库撞堆（图3-25）。

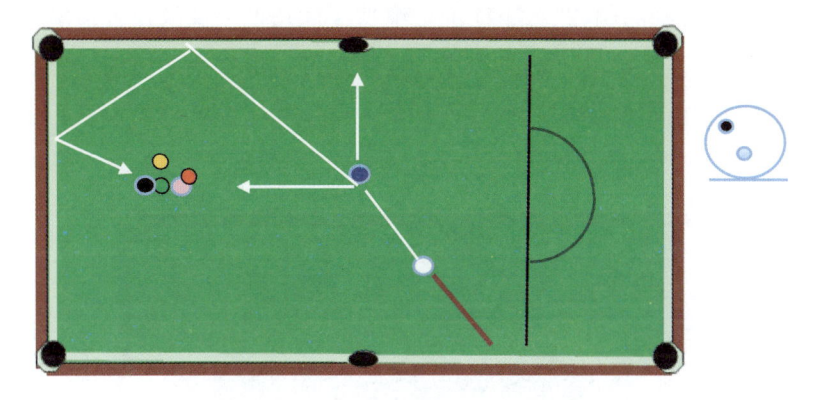

图3-25 用五分球中距两库撞堆

②利用五分球远距撞堆：当主球靠近球堆一侧，在击打五分球进袋时，利用上左或下右击点使主球经两库后撞向球堆，制造机会（图3-26）。由于主球要穿过D形区的彩球，击点和力度选择十分重要，否则容易碰撞低分彩球，需要多多练习以掌握球性。中式台球中也有同样的练习，俗称过桥。

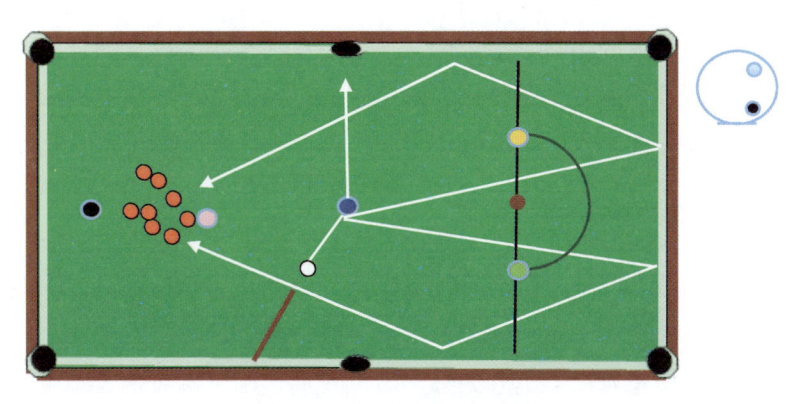

图3-26 用五分球远距撞堆

117

③利用低分彩球远距撞堆：根据主球与低分球的位置情况，一般选取左下或右下击点，发力使主球经一库或两库撞向球堆，制造机会（图3-27）。

图3-27　用低分彩球远距撞堆

（二）踢球技法练习

能否准确踢到某个指定球，是反映运动员水平高低的标志。踢球分近距踢球和远距踢球，近距踢球是指半个台面内的踢球，远距踢球是指全台面内的踢球，需要经几库后才能踢到目标球。

1. 踢球技法的基本原理

以中等力度和自然击点（即中点）的90°为基本走向，中上击点使主球向右上方向运动，击点越高，向上偏转越大。反之，中下击点使主球向右下方偏转，击点越低，向下偏转越大。通过练习，体会击打力度、击点与方向的关系（图3-28）。

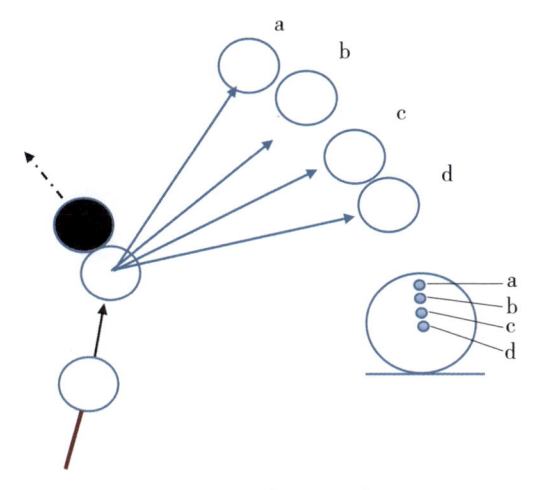

图3-28　踢球原理示意

2. 用黑色球进行踢球练习

（1）练习目的：掌握利用黑色球踢球的技法。

（2）练习方法：在黑色球右侧20～30厘米处放5个红色球作为踢球目标球，主球用不同击点来逐个踢球，从中体会不同击点的球路（图3-29）。

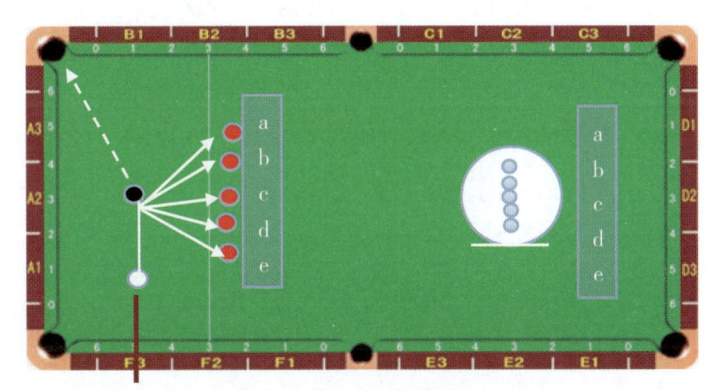

图3-29　★用七分点黑色球练习踢球

119

3. 近距踢球练习

（1）练习目的：掌握利用七分球（斯诺克叫法）近距跟进踢球、利用七分球近距后缩踢球、利用六分球踢球的技法。

（2）练习方法：可以分为以下三种情况进行练习。

①利用七分球近距跟进踢球练习。利用中上击点，主球在击落黑色球后向前、向上运动踢开红色球，可以直接踢，也可以经一库后踢（图3-30）。

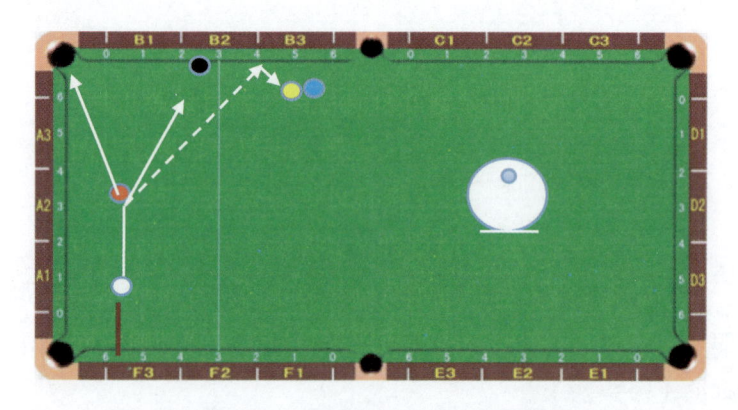

图3-30　★用七分球近距跟进踢球

②利用七分球近距后缩踢球练习。对主球用左下击点击落红色球后经一库向后、向下踢开黑色球，也可经两库后踢开蓝色球（图3-31）。

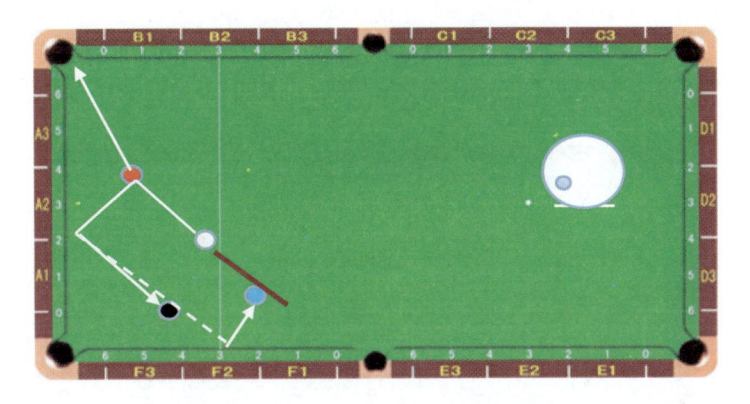

图3-31 ★用七分球近距后缩踢球

③利用六分球踢球练习。在上腰袋左侧放三个红色球，主球用不同击点将粉色球击落角袋后分别踢开红色球。主要应该计算好主球的球路，确定采用中点击球还是用右上击点（图3-32）。

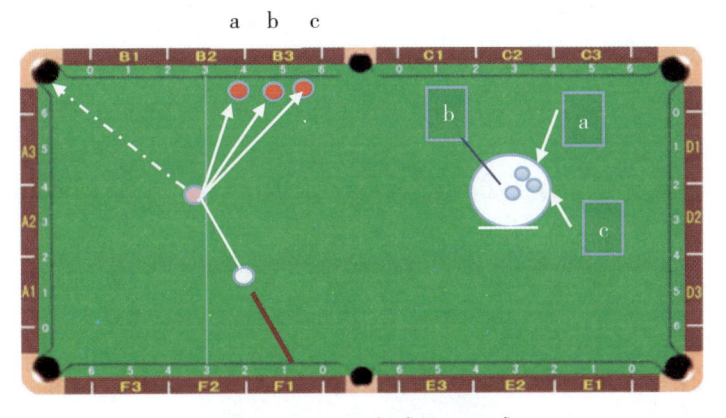

图3-32 用粉色球练习踢球

4. 远距踢球练习

（1）练习目的：掌握用五分球远距踢球的技法。

（2）**练习方法**：在右上角袋下侧放两个红色球，主球用右上击点击落五分球后经一库踢开红色球，制造进球机会（图3-33）。

图3-33　用五分球踢球

5. 低分球踢球练习

（1）**练习目的**：掌握用低分球两库踢球技法。

（2）**练习方法**：可以分别用黄色球、绿色球和棕色球进行远距踢球练习。关键是根据主球与目标球的位置关系，决定采用哪个击点、经过几库运动，图3-34是用棕色球、右下击点、经两库运动踢开左上岸边的红色球。需要多次练习，仔细体会。

图3-34　★用棕色球远距踢球

第四章
高级技法

在经过中级技法练习合格以后，就可以进入高级技法练习阶段。高级技法主要包括安全球、造障碍球、斯诺克解球、世界斯诺克难解球例解读、几种特殊的解球技法、走位技法等。这部分技法反映了台球运动中较为困难的，也是难度较高水平的技法。这部分技法的特点是，很多技法是吕佩先生经过几十年的教学实践和理论研究的成果，是中国人的首创。

一、安全球

台球比赛的战术原则是：第一，在不具备进球情况下，不打无把握的球；第二，尽量拉开主球和目标球之间的距离或贴边，打出安全球；第三，利用一切机会制造障碍球，给对方制造麻烦或诱使其失误。所以，打安全球和制造障碍球是台球战术的重头戏。

在观看世界台球高手比赛时会发现，当不具备进球机会时，双方都施展出高超水平，大打安全球之仗。你来我往，有时候花了几十分钟仍然没有进球机会，因为他们的安全球太漂亮啦！可以说是无隙可乘，主球走得非常到位，引起了观众阵阵掌声。

安全球和障碍球有很强的相近性，安全球的目的是增加对手不便，拉开主球与目标球的距离，打好了可能就是障碍球。做得较差的障碍球也是一种安全球，虽然也能够解球，但有可能使对手发生失误。

（一）安全球的定义

安全球是指采用拉开主球和目标球之间距离或贴岸、贴球的方式，不给对手以进球机会。

在没有较好的进球机会时，双方都施展出走位的基本功，把主球放到较为安全的位置，你来我往，多次较量，就看谁的安全球打得好。

（二）安全球的运用

1. 用薄球打安全球

在台球比赛时，经常可以看到高手们打出漂亮的安全球，通过各种多库球路把主球运动到D形区，特别是力度的控制使主球正好贴在底岸的库边，真是令人叫绝。从安全球的球路分析不外乎有以下几种：

（1）**直来直去**：主球和目标球都靠在台面一侧，主球薄擦目标球后又直线回到同一侧的D形区，一般要经2～3库（图4-1）。

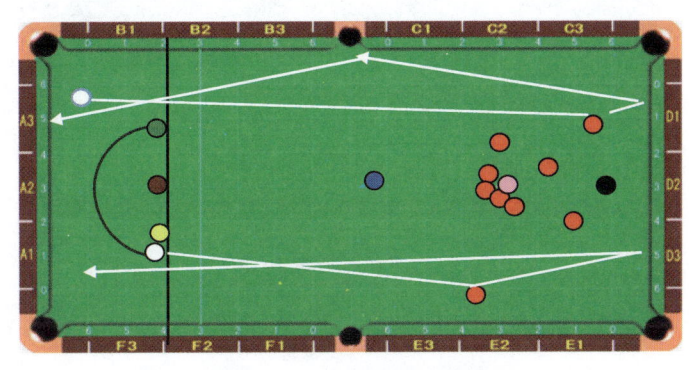

图4-1　★直来直去安全球

台球技法解析

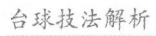

（2）**左来右往**：主球从左到右或从右到左，当角袋口有进球机会时，要避开这一侧的角袋，从一侧经3~4库运动到另一侧的D形区（图4-2）。

（3）**穿堂而过**：避开并穿越阻碍球群经2~3库回到D形区（图4-3、图4-4）。

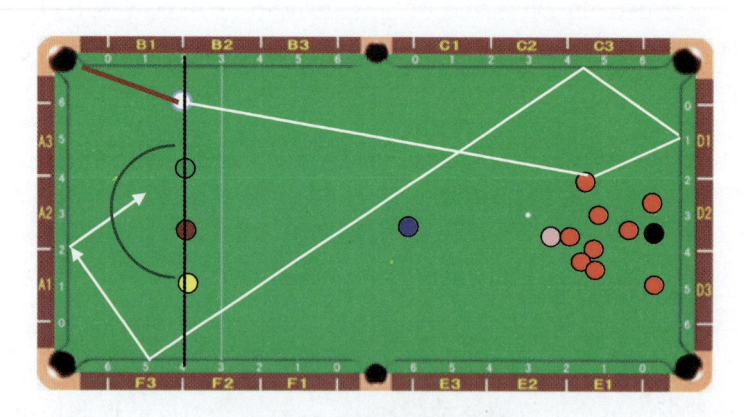

图4-2　★左来右往安全球

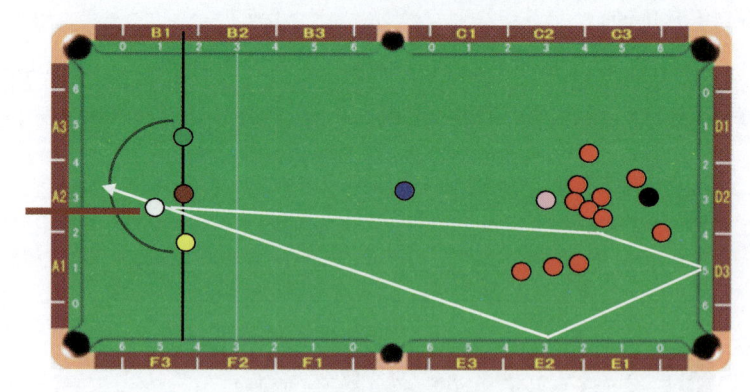

图4-3　★穿堂而过安全球1

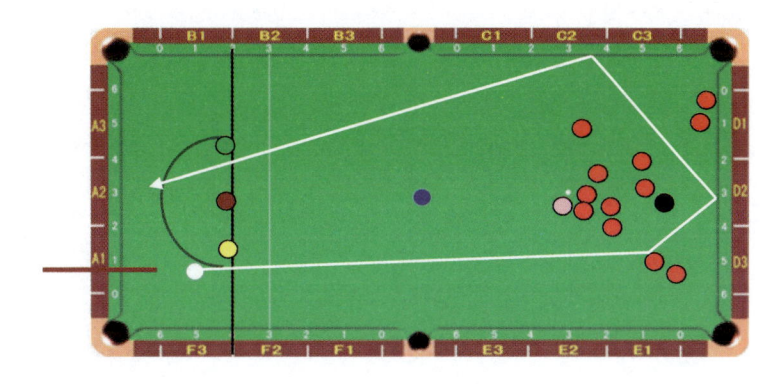

图4-4 穿堂而过安全球2

用薄球打安全球，首先要选定目标球。在以上球例中可以发现，作一个好的安全球，选好目标球十分关键，否则可能事倍功半。再一个关键点是设计球路，最难的是回程途中不要碰撞其他球。

安全球的最终位置应该是安全的，不给对手留机会。一个漂亮的安全球有很多种形式，本节仅简单介绍上述三种方式。这就要充分利用经典的主球走位技法，再辅以适当加塞，就能达到理想目标。

2. 彩球的安全打法

当满台存在红色球时，打安全球和障碍球是个战术问题，因为球多，得分从4分开始，而满台是彩球时，就可能罚高分，对赛局影响较大。再就是彩球阶段随着彩球数量的减少，给打安全球增加了困难，需要很好地设计安全球的球路。

【球例1】台面上只有3、4、5、6、7分五个彩球，主球薄擦三分球走位到D形区靠岸处，设想把三分球反弹到障碍区，关键是主球要走位到适当位置（图4-5）。

127

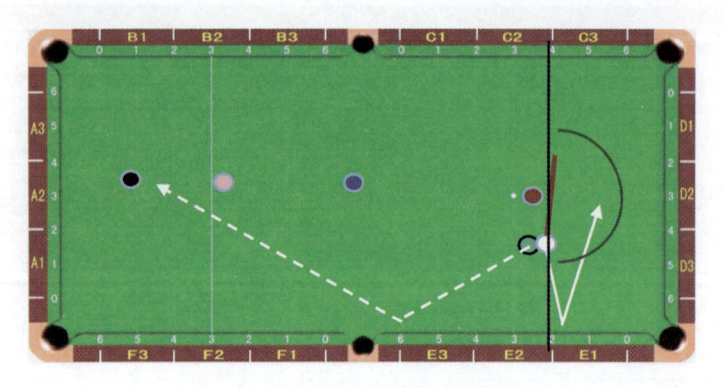

图4-5 用三分球造障碍球

【球例2】台面上5分、6分球在原位，7分球在左下岸边，4分球在右下岸边，可利用分开两球距离的技法形成安全球（图4-6）。

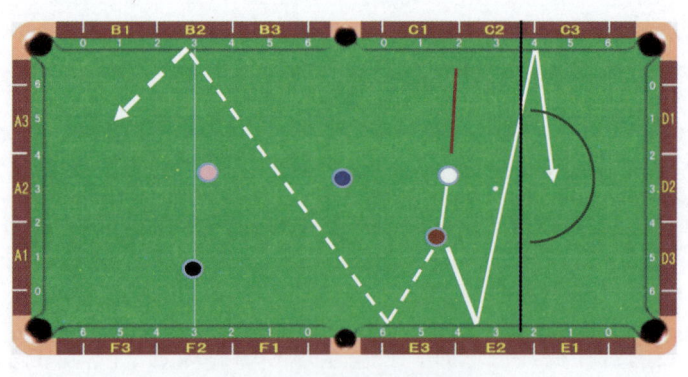

图4-6 ★用4分球造障碍球

3. 黑色球的安全打法

台面只有一个黑色球，球手们需要争黑，谁把黑色球击落就获胜。所以，这时的主要目标是不给对手留机会。归纳世界高手们所采取的技法主要有两种，一是将黑色球顶到左或右岸边，主球走到底岸边；二是主球和黑色球分别走向左右岸边。

【球例1】把黑色球顶到左（或右）岸中间靠岸，主球放到底岸边，要控制好力度（图4-7）。

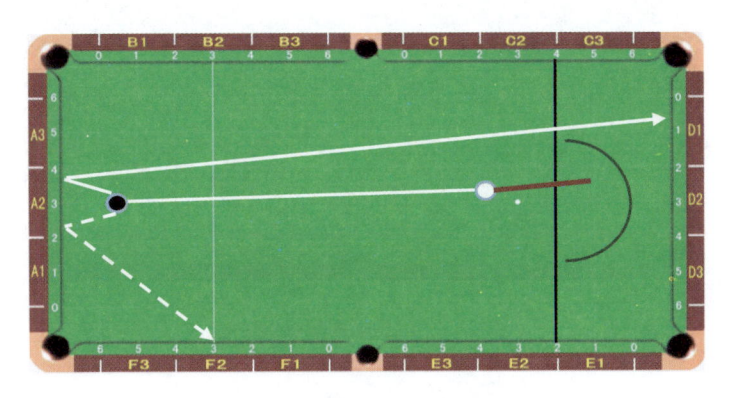

图4-7　一球边岸、一球到底岸

【球例2】把主球和黑色球分别顶到左右岸边。

技法要领是瞄准黑色球的右侧，力度要轻，用高杆，使两个球向两边分流，最好运动到左右岸边的中部位置（图4-8）。

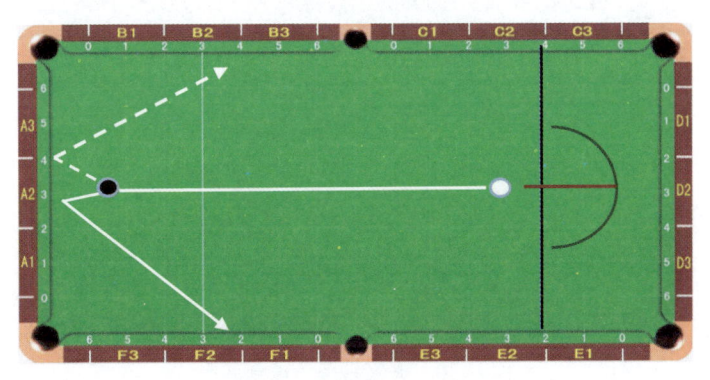

图4-8　★两球分向边岸

【球例3】主球发力撞击黑色球正点，使黑色球吃多库停留在D形区或者底库贴岸边，要控制好力度（图4-9）。

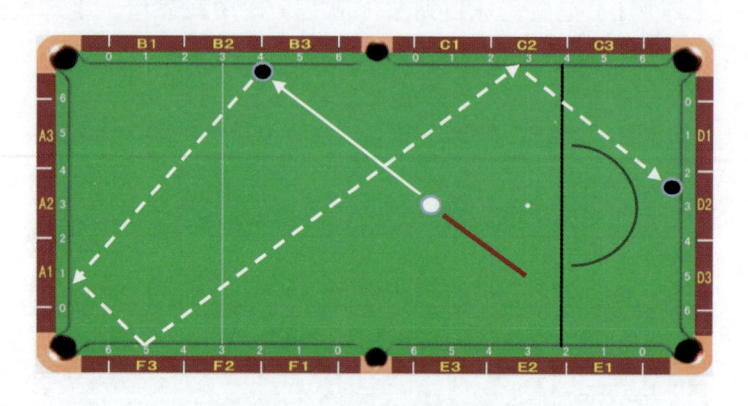

图4-9 ★高杆黑色球到底岸

【球例4】薄切黑色球分别停在岸边。技法要领是，瞄准黑色球的右侧，力度要轻，用高杆，使两个球向两边分流，主球运动到底库（A区）的附近，黑色球吃一库弹起来停留在边库（B区）位置（图4-10）。

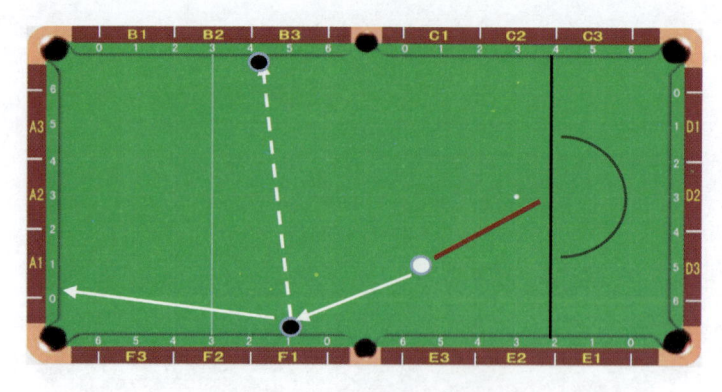

图4-10 ★高杆黑色球到底岸

二、障碍球

不管是斯诺克台球，还是中式台球、九球，为了取得比赛胜利，除了抓住一切机会把目标球打进球袋之外，还要利用做障碍球的机会给对方制造麻烦，特别是当比赛中你处于劣势的时候，可能由于你的障碍球使得比赛形势转危为安，以致获得最后胜利。

（一）障碍球的定义

所谓障碍球，按照竞赛规则定义：障碍球指的是主球，当主球无法直接击到目标球的任意一部分时，称为障碍球。

（1）主球为手中球时，如从开球区任意一点都无法击到活球，主球成为障碍球。

（2）如主球同时被一个以上的球作障碍，则距离主球最近的球为有效障碍球；如距离相同，则均为有效障碍球。

（3）如果有任意一只红色球或目标球可以直接击到，尽管其他红色球或目标球都无法直接击到，台面上也没有有效障碍球。

（4）当主球成为障碍球时，获得击球权的球员称为"被作障碍"。

（5）如果主球被岸边挡住，主球不称为障碍球。

在斯诺克台球中球员解球时，如果裁判员认为选手未能尽其最大努力击到活球而犯规时，可判其"无意识犯规"，罚其继续解球。

那么球员应该选择什么时候作障碍球呢？

（二）造障时机

1. 开球造障

开球作障碍，最理想的状态是主球撞球堆后经三库运动到开球区的任意一个球的后面（球旁或岸边）。一般在中式台球和九球中较少运用（图4-11）。

图4-11 开球造障

2. 贴球造障

当台面上只有一个红色球，且没有进球机会时，如图4-12所示，打进红色球后没有进球机会，就可以考虑利用黑色球作障碍球，而且争取贴得越紧越好，就可以给对手制造很大不便。

图4-12 贴球造障

一般在作贴球时是靠手感，但有时候掌握不好则容易留下较大空间。可以利用物理学原理，根据球杆与主球的重量比例大约是4∶1，靠球杆的自重去推动主球，就可以达到理想的贴紧目标球的距离。如图4-13所示，如果两球距离为D，则球杆与主球距离取D的1/4，即取d，不要对球杆施加力量，靠球杆的重量推主球，使之紧贴黑色球。

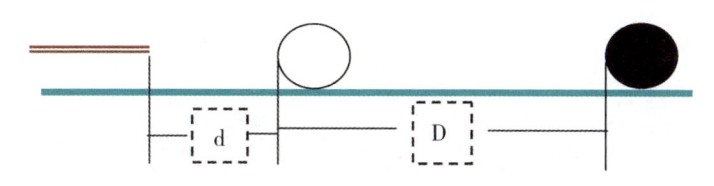

图4-13 利用球杆与球重量比打贴球

3. 定杆造障

台面上只有一个红色球且进球条件不好时，可打定杆，把主球定在岸边，使红色球离开，形成障碍球（图4-14）。

图4-14　★定杆造障

4. 分球造障

如果没有红色球且黄色球进球条件不好时，可击走黄色球，使两球分离而造障（图4-15）。

图4-15　★分球造障一

如果目标球在边库附近，主球可以击打目标球，使主球和目标球分别向两边底库运动，形成障碍球（图4-16、图4-17）。

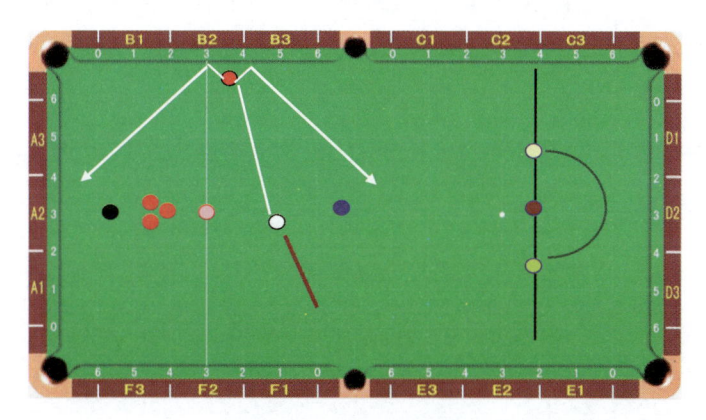

图4-16　★分球造障二

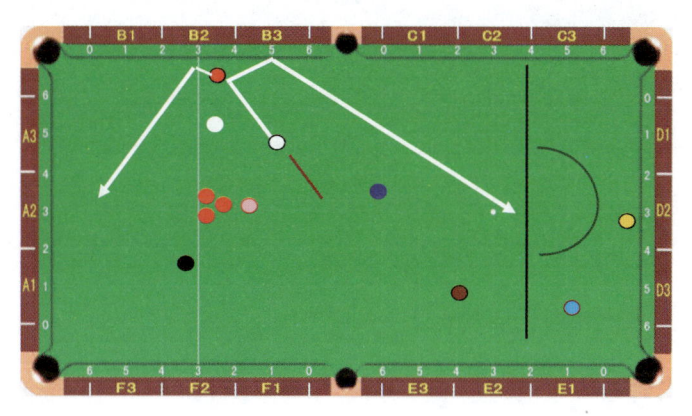

图4-17　★分球造障三

5. 低分球造障（仅适用于斯诺克打法）

当击落红球后，主球在彩球旁边且进球条件不好时，如图4-18所示，最好将主球贴紧黄色球，解这种障碍球比较有难度，

135

所以很多高手在作障碍球时经常将主球贴紧在开球区的任意一低分球，因为这时离红色球堆较远，必须采用多库解球技法。

在2013年11月出版的《i台球》杂志中有一篇文章"难解的斯诺克"，其中列举了六个球例，主球都是紧贴彩球，使得不少高手束手无策，最典型的是威廉姆斯解球13次犯规、希金斯解球12次犯规、奥沙利文解球10次犯规，说明斯诺克的巨大诱惑力。

图4-18　用黄色球造障

6. 多次作斯诺克的原则

当对方得分值超过本方分值，并大于台面上存在的分值时，如果不作斯诺克就输定了，这时就要想方设法多次做斯诺克。此时要掌握以下几条原则：

一是出现进球机会时，宁可不进球，也要努力做斯诺克，因为多进一个球，对方就少一份威胁。

二是做斯诺克要精确计算好球路，尽力增大斯诺克难度让对方多罚分。

三是努力作远端目标球的斯诺克，多库才能解的斯诺克，尽量用D形区的低分球作障碍（图4-19）。

图4-19　低分球造障

（三）造障技法

在斯诺克比赛中学会造障碍的技法是很重要的。因为斯诺克台球与其他台球不一样的、且最精彩的部分就是造障碍和解斯诺克。而做斯诺克的方式归纳起来不外乎就是八个字：定、贴、薄、分、跟、缩、反、旋。

1. 定球造障法

"定"就是把主球定在一个位置上，适用的杆法是中偏下击点或顿杆，有的爱好者开始打定杆时总是不能定在计划的位置上，关键是杆法不正确。此技法在中式台球和九球中也常常运用（图4-20）。

137

图4-20 ★定球造障

再就是根据主球和目标球的距离来确定出杆力度，有的优秀球员能在几米远距离内定住，力度恰当。距离远时，定杆击点就要适当向下（图4-21）。

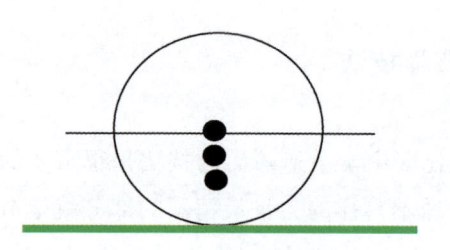

图4-21 定杆击点位置

2. 贴球造障法

贴球技法的关键是要求贴得紧。另外，尽量拉开贴球点与目标球之间距离，增加对手解球困难。所以，最理想的是把主球贴在D形区的任意一个球后面。由于规则不同，此技法在中式台球和九球中不能运用（图4-22）。

138

图4-22　贴球示意

3. 薄切球造障法

最典型的球势是目标球与障碍球都在岸边时，只要打一个薄切球就可以了。

【球例1】近距离薄切球造障。如图4-23所示，薄切黄色球时杆法要很轻，切后黄色球基本上仍留在原位，这样的薄切比较难。如果主球在黄色球一侧时，用该技法就相对要容易一些。

图4-23　近距薄切造障

【球例2】远距离薄切红色球造障（图4-24）。

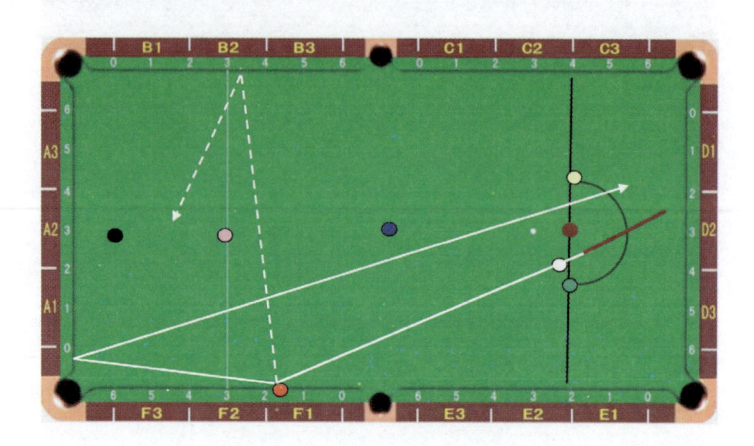

图4-24　★远距薄切球造障

【球例3】薄切红色球归队造障（图4-25）。

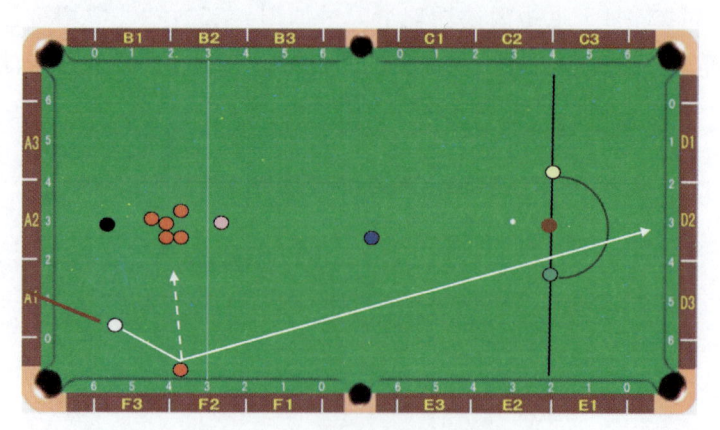

图4-25　★薄切红色球归队造障

【球例4】主球薄切红色球堆后走向D形区（图4-26）。

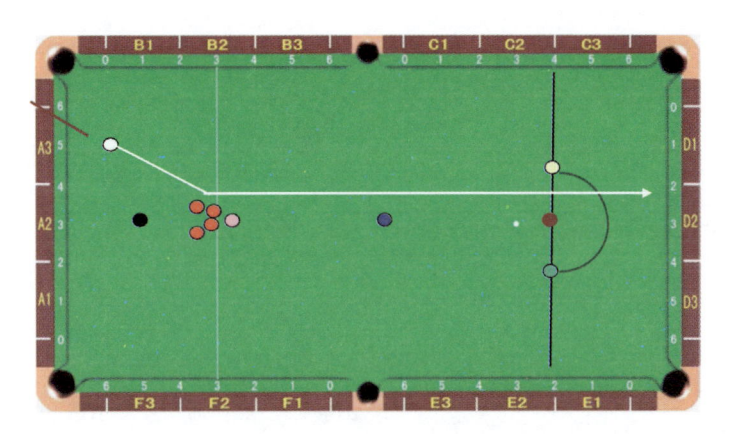

图4-26　★薄切球堆造障

【球例5】主球薄切红色球堆后两库进入D形区（图4-27）。

打主球应该用高杆左塞，中等力度薄切红色球堆边上一球，主球一库进入D形区。

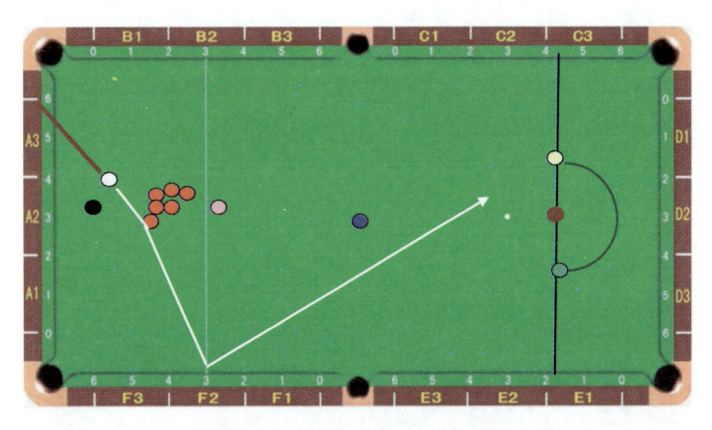

图4-27　★薄切球堆两库造障

以上列举的薄切球例中，关键是如何确定主球薄切后运动方向。其中奥秘在于，首先要确定主球一库碰撞点的位置，再确定主球瞄准点的位置，就可以保证主球薄切的运动方向了。这个方法是一个经典技法，当袋口红色球被阻挡时，可用薄切技法（图4-28）。

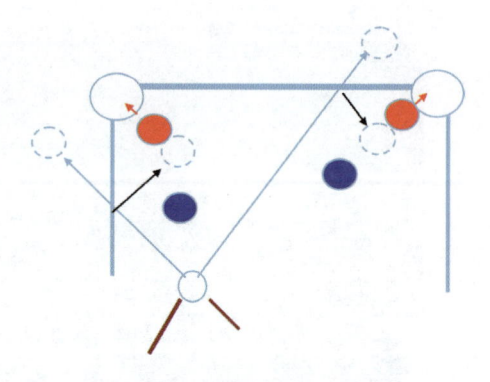

图4-28　经典薄切技法示意

4. 分球造障法

分球造障是作斯诺克时应用最多的一种技法，要点是设计好两个球的球路。

【球例1】打红色球分球造障（图4-29）。

图4-29　★打红色球分球造障

【球例2】打黄色球分球造障（图4-30）。

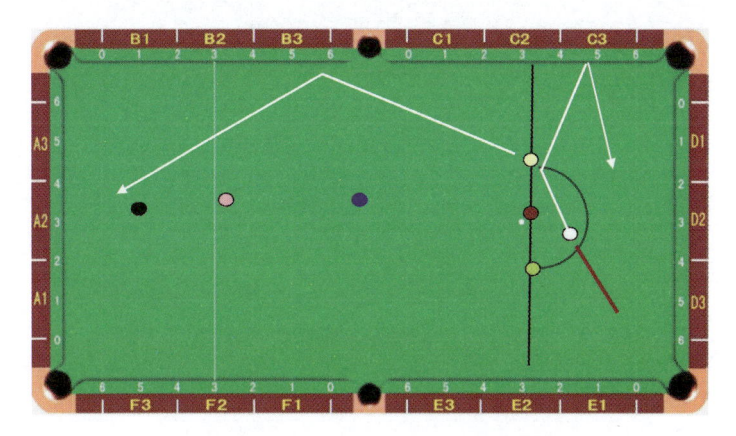

图4-30　★打黄色球分球造障

【球例3】打绿色球分球造障（图4-31、图4-32）。

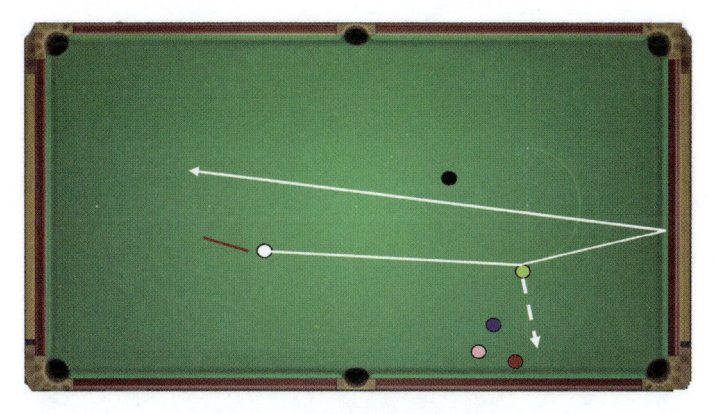

图4-31　打绿色球分球造障一

图4-32 ★打绿色球分球造障二

5. 跟球造障法

【球例1】如图4-33所示，主球击走红色球后跟进到黑色球后面形成障碍球。在目标球上击点的确定和主球跟进的力度是关键。

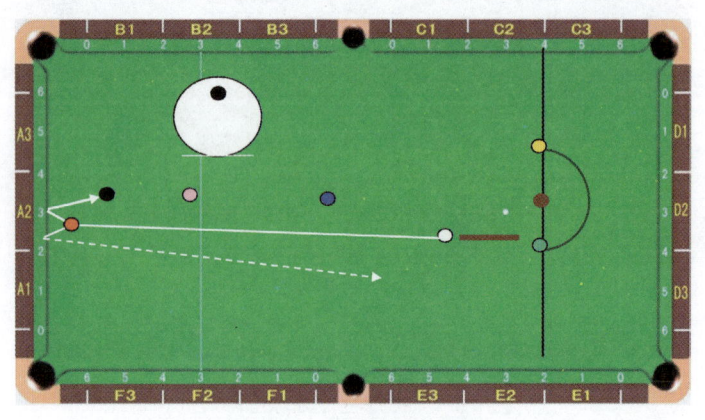

图4-33 ★远距高杆造障

【球例2】主球击走红色球后跟进到彩球一侧形成障碍，原理同上（图4-34）。

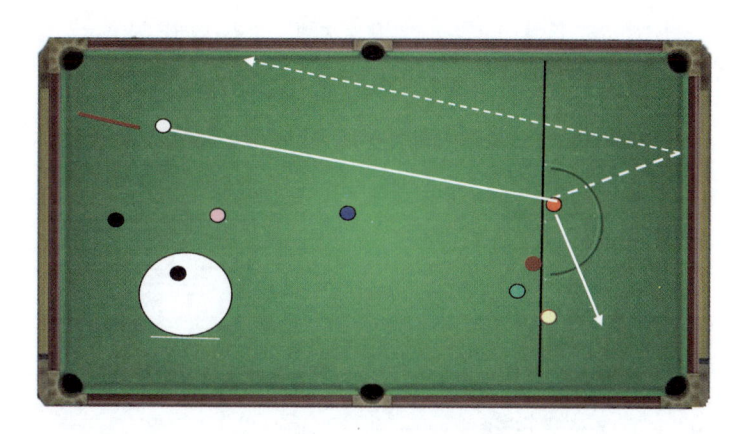

图4-34　远距红色球造障

6. 缩球造障法

将主球缩回到岸边，而目标球被推到另一侧（图4-35）。

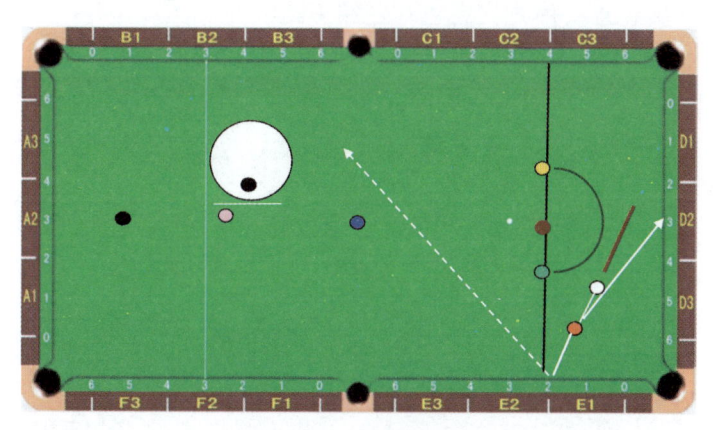

图4-35　★缩球造障

7. 反弹球造障法

【球例1】主球一库反弹顶走红色球，留在黑色球上端（图4-36）。

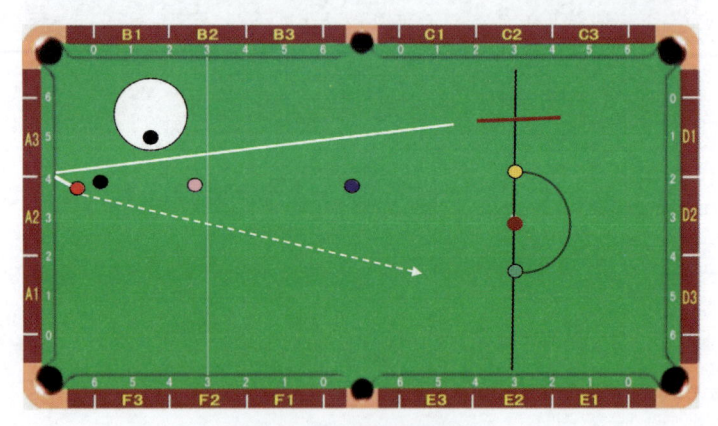

图4-36　反弹球造障一

【球例2】用低杆经一库反弹将黄色球顶出后留在绿色球一侧，黄色球一库走向粉色球左端（图4-37）。

图4-37　反弹球造障二

8. 旋球造障法

【球例1】利用右上塞使主球进入彩球圈，黄色球弹起，形成障碍（图4-38）。

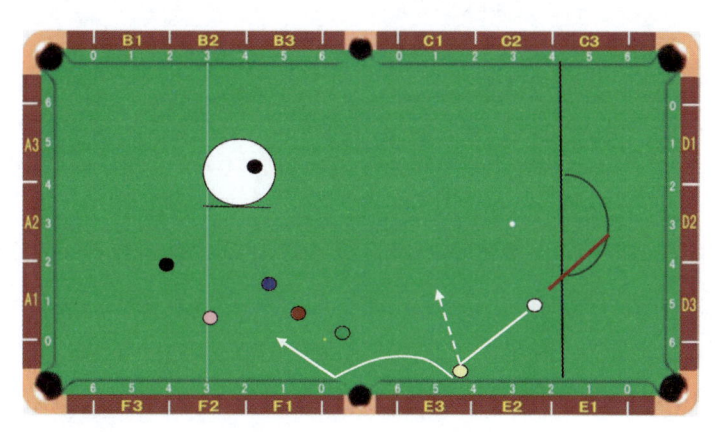

图4-38　★旋球造障

【球例2】利用左下塞使主球往左一库进入彩球障碍带（图4-39）。

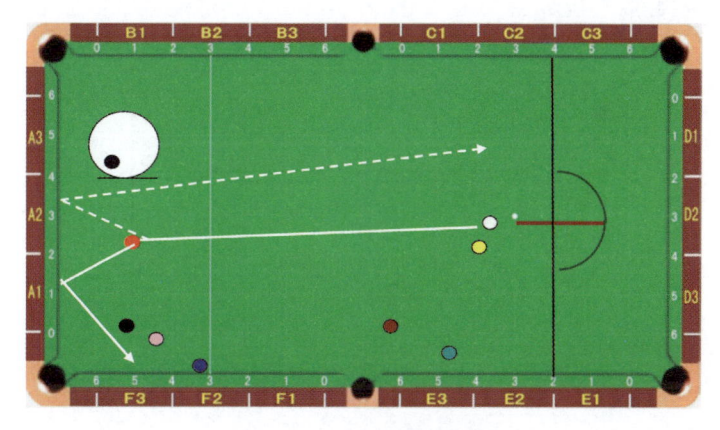

图4-39　★远距旋球造障

三、怎样解斯诺克

（一）斯诺克解球新理论

1. 对称点解球体系

吕佩先生于2000年在国内首先提出内外对称点解球体系的概念。在传统的国内外台球书籍中，关于解障碍球的技法大都停留在一库解球方面，主要是入射角等于反射角，对两库以上的解球技法就很少有详细介绍，全凭球手的经验。吕佩先生通过教学实践和理论研究，提出了一倍对称点和二倍对称点的概念，建立了18个外对称点和内对称点的多库解球体系，这是我国在斯诺克解球方面一项创造性的理论突破，对台球运动中的解障碍球技法领域作出了贡献。

如图4-40所示，目标球用红色点表示一倍外对称点，黑色点为二倍外对称点，共9个点。主球用黄色点表示一倍外对称点，蓝色点表示二倍外对称点，共9个点。

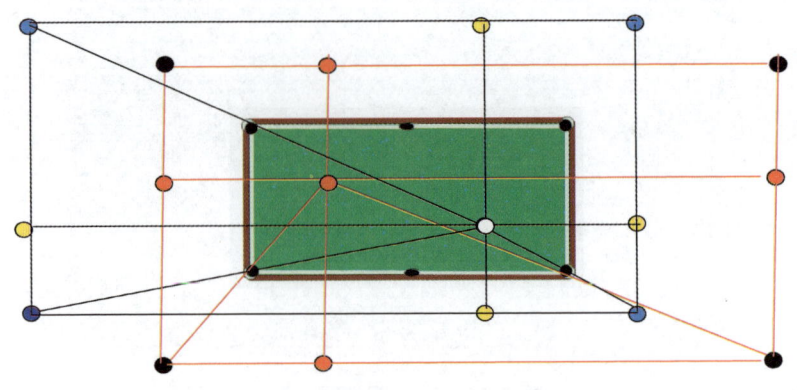

图4-40　对称点解球体系图

2. 外对称点解球原理

这个解球体系的创新之处在于，利用外对称点之间的连线来找到解球瞄准点，在一倍对称点基础上又提出了二倍对称点的概念，从而得到一个对称点解球体系。

> 主球（原位0）对目标球一倍对称点得到一库解球点：0+1=1
>
> 主球一倍对称点对目标球一倍对称点得到两库解球点：1+1=2
>
> 主球一倍对称点对目标球二倍对称点得到三库解球点：1+2=3
>
> 主球二倍对称点对目标球二倍对称点得到四库解球点：2+2=4

这里要特别指出的是关于二倍对称点的新概念，长期以来在台球界主要利用的是一倍对称点来解决一库解球，二倍对称点是目标球相对于角袋的同等距离处的一个对称点，其奇妙之处在于从主球球心瞄准二倍对称点稍加修正就可实现两库解球。球桌有四个角袋，就有四个两库解球点。

白色主球与红色目标球之间有一个蓝色球，挡住了直接击打的线路。从白色主球向四个二倍对称点引直线就是两库解球的第一库走球线路，再经第两库反弹后，可撞击红色目标球（图4-41）。

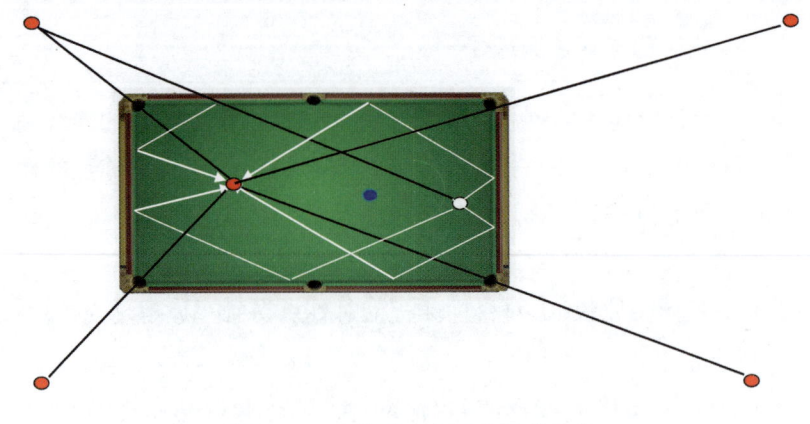

图4-41 二倍对称点两库解球示意

对称点的确定：一般对称点的定义是指某点垂直于某直线或点且距离相等的点就是对称点（图4-42）。

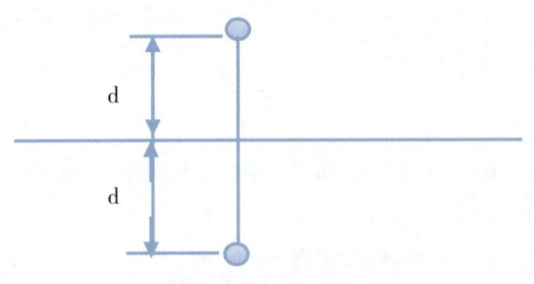

图4-42 对称点示意

由于台球是一个圆球，取台球的对称点应该考虑球心的运动轨迹，当圆球碰撞岸边反弹时，是以球心处实现入射角等于反射角，不是以圆球接触岸边的点实现入射和反射，所以在研究台球对称点时应以台球球心的轨迹线来取对称点。我们定义这条线为球迹线，通过球迹线来取一倍对称点和二倍对称点（图4-43）。

二倍对称点　　　一倍对称点　　　　　球迹线

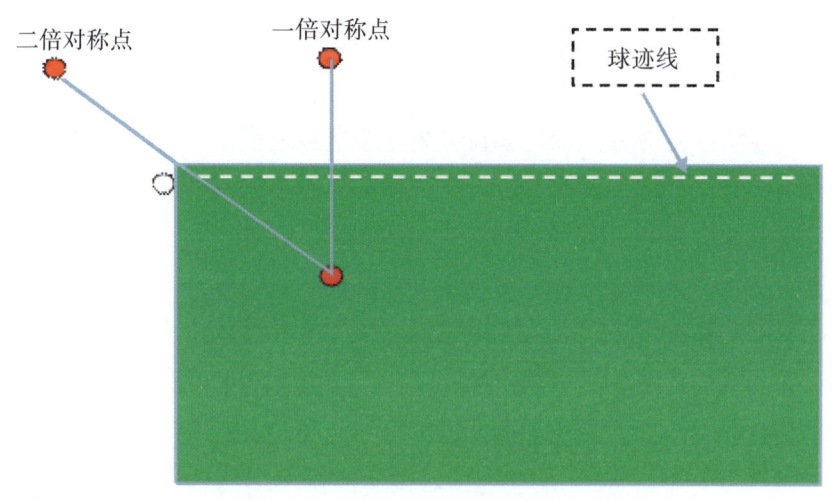

图4-43　球迹线示意

3. 内对称点解球原理

利用台面上的纵横轴线和开球线，以及可以利用的某个球，都可以形成内对称点的关系（图4-44）。

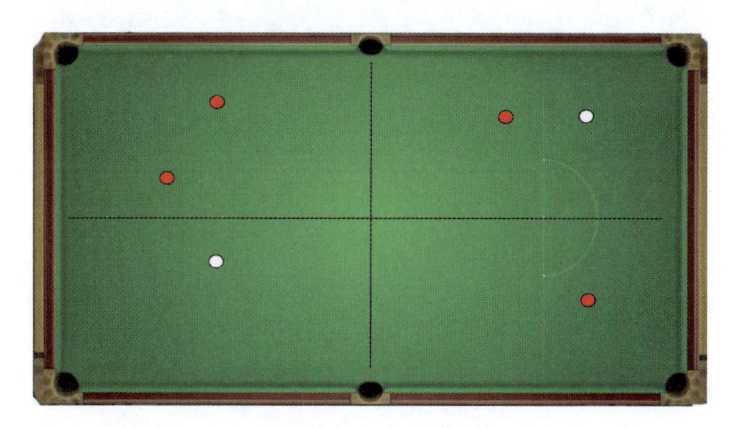

图4-44　内对称点

151

内对称点技法的优点是，充分利用台面上的标志线（开球线）或纵横中线，以平行线法确定解球瞄准点。

根据内外对称点原理，吕佩先生创造性地提出了平行线解球准则（详见吕佩编著的《台球技法练习图解》）。

例如，主球a（白色球）在右上侧靠岸，目标球b在左下侧靠岸，从理论上讲，取入射角等于反射角就可以一库解球，这需要准确的角度感觉。我们用内对称点法可以取目标球b（红色球）对横轴线的内对称点b1粉色球，过b1与上腰袋中心o连直线b1o，再从a作b1o的平行线ac，根据主球a和b1离上岸距离之比，确定oc线段上的瞄准点g，gc与oc的比等于主球到上岸的距离与粉色球到上岸的距离比，就可以实现一库解球（图4-45）。

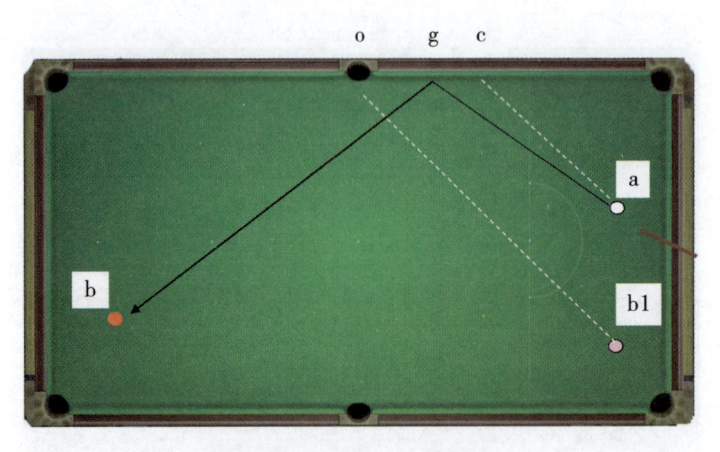

图4-45 内对称点一库解球一

又如，主球在开球线的右侧，目标球在开球线左侧，可以取目标球对开球线的内对称点作平行线也可以实现一库解球。

如果目标球在台面左侧，可以用粉色球作基准，取目标球的内对称点，再用平行线法实现一库解球（图4-46）。

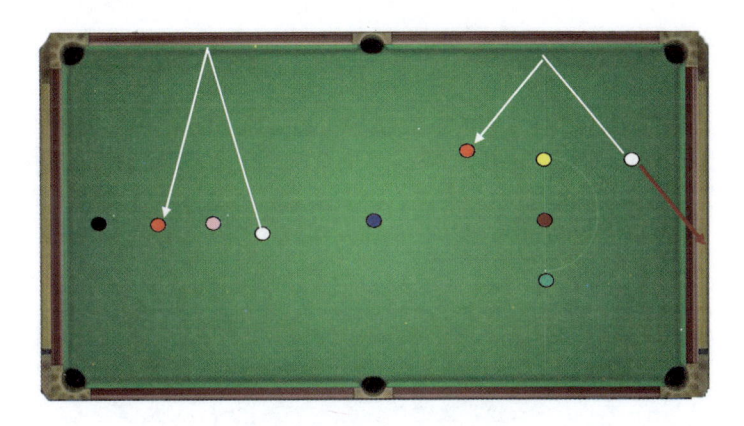

图4-46　内对称点一库解球二

4. 平行线解球原理的形成

在台球运动过程中，平行线是一种实际存在的几何现象，人们在操作中自觉、不自觉地都在利用着平行线原理。

如图4-47所示，主球a和目标球b都在底岸，目标球在下腰袋口，如要进行一库解球时，人们会习惯性地按直角三角形的原理取两球距离的中点与上边库垂直线的交叉点e为瞄准点，使得入射角等于反射角。而且这个中点e的位置，实际上也是以上下腰袋连垂直线为基准线，过b作bo，过a作af，三线（基准线、bo和af）互相平行，取of的中点e就是一库解球点。这个结论也符合直角三角形原理，即三角形mba中mb与ma的中点连线oe段是of的一半。

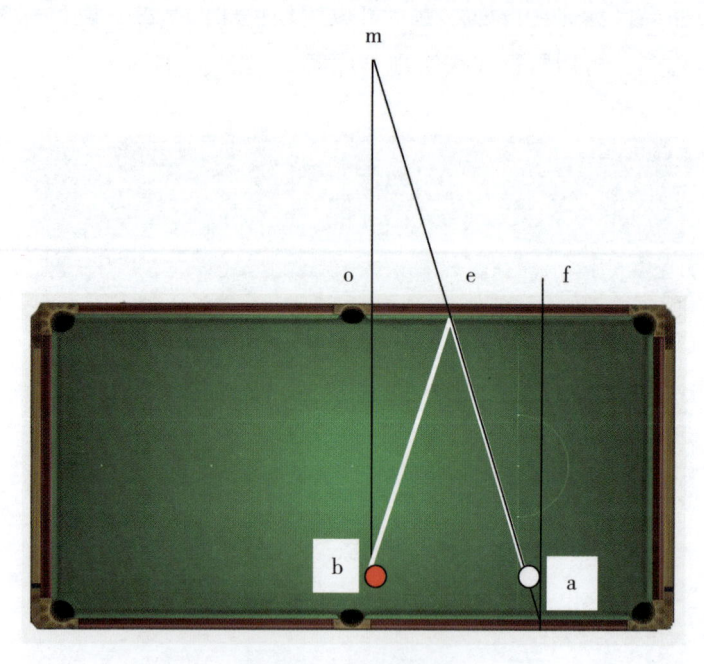

图4-47　平行线概念

5. 如何将平行线原理运用于两库解球

　　创造性的思路在于将上图的ob线改为b和右（或左）上角袋的连线bg，过主球a作平行于bg的ah线，当主球a与目标球b离右岸距离之比为1∶2时，取gh线段的二分之一处e为理论一库解球点，所谓理论点是因为这个e点是假设圆球、是一个质点，没有旋转现象。而实际上台球是一个圆球，当撞击右岸时，由于力的分解作用，岸边的摩擦力使球发生左旋，所以需要进行旋转修正。修正的方法是瞄准点向上移动一定距离，距离的大小要根据ah线对右岸的入射角来确定，一般30°左右修正一个球径距离，如60°则修正半个球径左右即可（图4-48）。

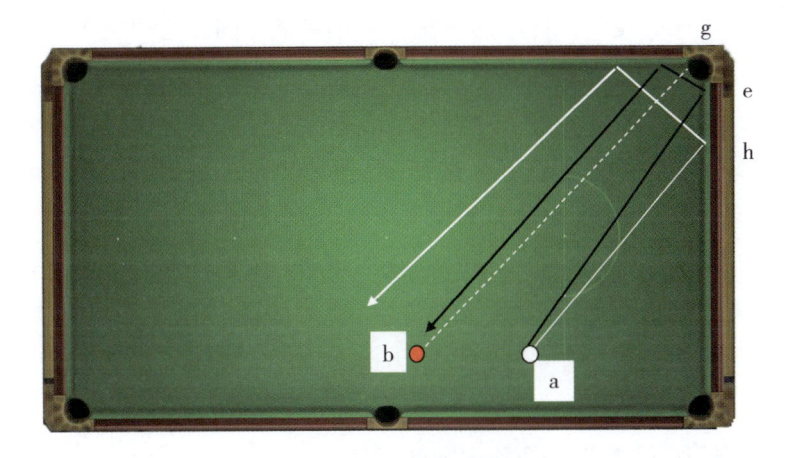

图4-48 平行线两库解球

如果用右塞也可消除左旋的影响。

同样，取左上角袋的平行线关系，也可得到两库解球球路（图4-49）。

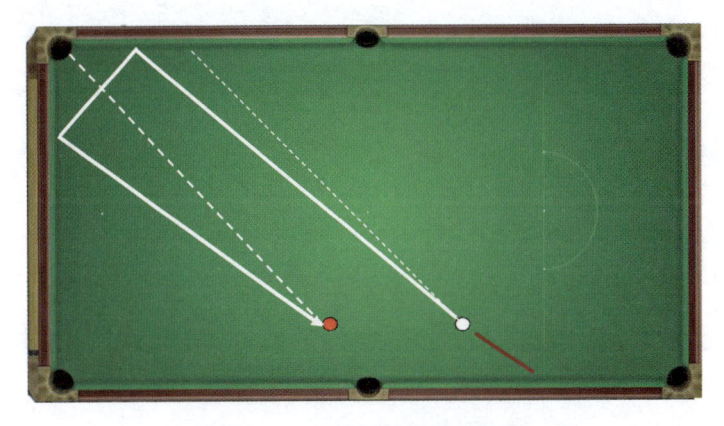

图4-49 左路平行线两库解球

155

从上面介绍的两库解球技法中，你可能会问，这种技法需要先确定两条平行线，然后根据两球的位置比例关系再确定解球瞄准点，比较麻烦。吕佩先生经过大量研究和实践发现，在两库解球的球路关系中，实践上存在着一个非常奇妙的规律，就是在主球和目标球连线的中点，指向某个角袋的方向就是两库解球方向。吕佩先生的这一重大发现简化了两库解球的技法，从理论上讲它基于平行线理论基础。

为什么说它是经典技法，因为这个技法太方便了，而且适用于各种球况。下面我们就来介绍这个经典技法。

【球例1】有四条两库解球球路。

图4-50中黑色虚线是主球和目标球连线中点与四个角袋的连线，从主球出来的四条线分别平行于目标球中点与四个角袋的连线。主球碰两库后撞到目标球。

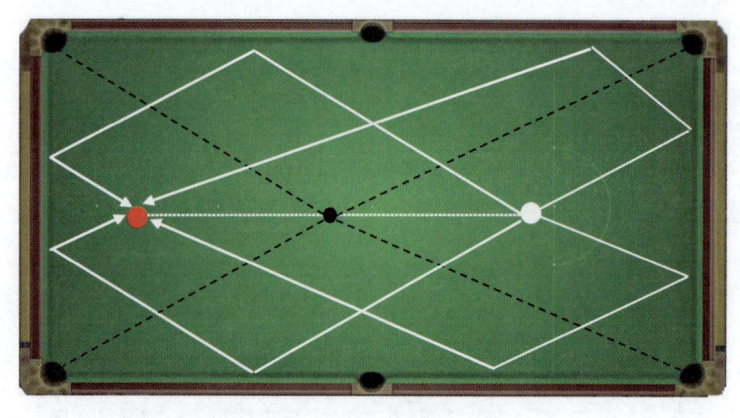

图4-50　两库经典解球球路一

【球例2】有四条两库解球球路。

先确定主球与目标球的中点,再与四个角袋的中心点连线(图中的黑色线),从主球分别平行于这四条黑色线,有四种两库解球的球路,见图4-51的白线。

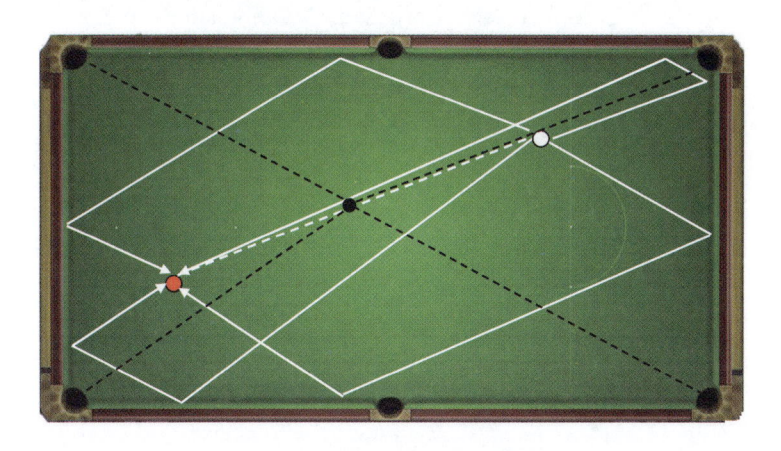

图4-51　两库经典解球球路二

运用这种技法时可能出现的误差:

一是确定两球连线中点时产生误差,需要认真观察中点位置。

二是两库发生的旋转影响,导致球路偏差,可用加塞或瞄球点前置的方法解决。

6. 平行线原理如何用于三库解球

吕佩先生的三库解球经典技法：过目标球对右岸中心作直线bh，过主球作直线an平行于bh，用高杆实现三库解球（图4-52）。

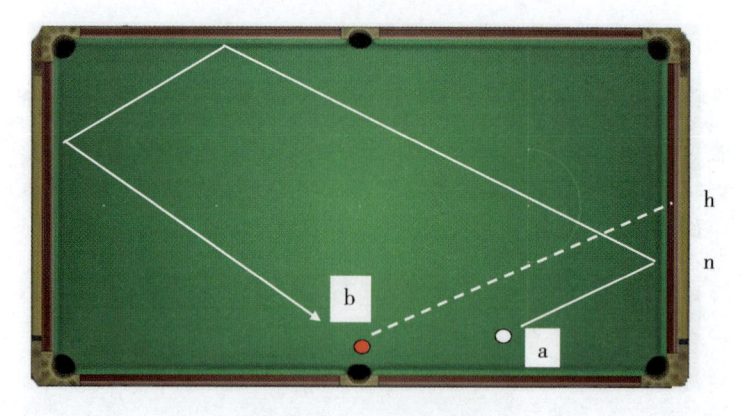

图4-52 平行线三库解球

这里就会提出一个问题，根据什么理论平行于bh线的直线就可以找到三库解球瞄准点n？这是一个很好的问题，下面我们通过对称点理论来证明这个问题。

根据对称点解球理论，主球a的一倍对称点a1对目标球b的二倍对称点b1连线可以得到三库解球球路ankmb。如果作an的平行线bh，h点的位置基本在右岸的中点。所以我们采取反向思维，过目标球b向右岸中点作直线交于h点，那么，过主球a作直线ae平行于bh，交于右岸的e点，就是三库解球瞄准点（图4-53）。因为三次碰库已经自我修正了旋转影响，所以不需进行旋转修正了。

b1

二倍对称点

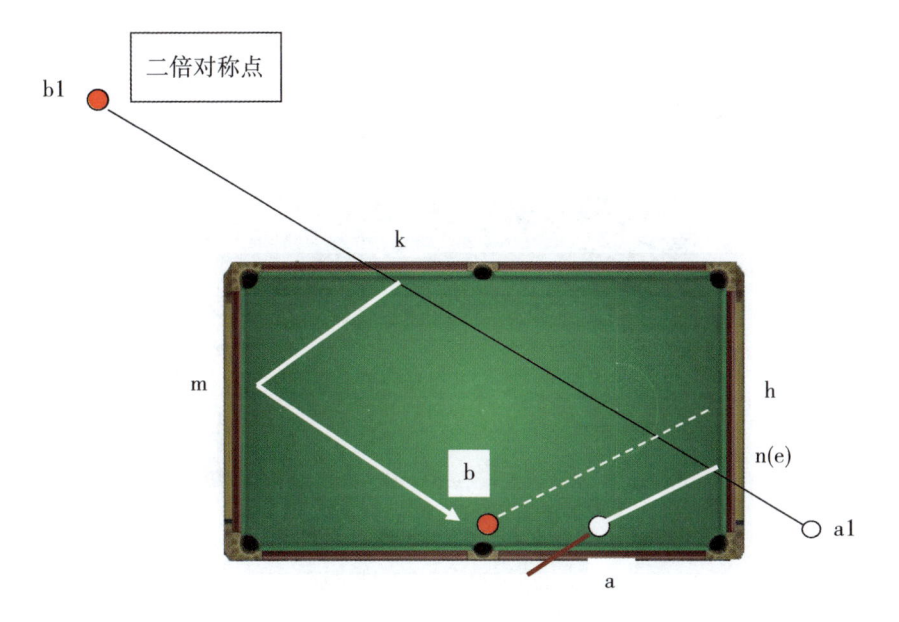

图4-53 三库解球求证

> 这个结论对左岸是否适用呢?

我们证明的方法是,取目标球b的二倍对称点b1,取主球a的一倍对称点a1,连a1b1交上岸的k和右岸的m,过主球a作ae线平行于mk线交于左岸的e点,就是三库解球瞄准点(图4-54)。这时过目标球b作直线bh平行于ae交于左岸的中点h,可以看到bh平行于ae。因为是三库解球,不需进行旋转修正。

台球技法解析

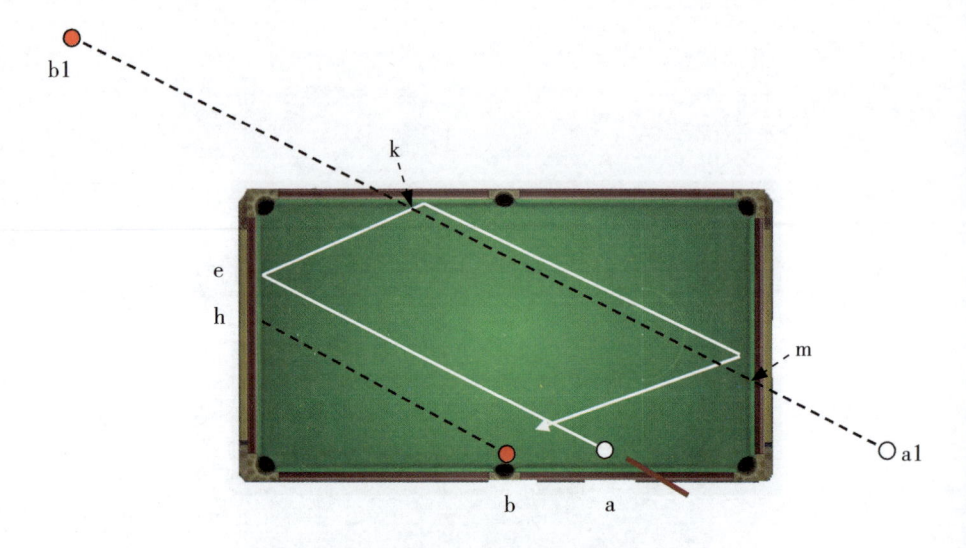

图4-54 三库解球求证

7. 平行线解球理论能否用于四库解球

前面介绍了平行线理论用于一库、两库、三库解球的球例和证明，对于四库解球能否应用平行线理论呢？

我们先看一个球例，主球只要对准主球和目标球的二倍对称点连线方向就可以实现四库解球。

连主球的二倍对称点a1和目标球的二倍对称点b1，分别交于下岸的k点和上岸的m点。这时利用平行线原理，只要从主球作直线平行于km线，就可实现四库解球（图4-55）。因为是偶数要考虑到球的旋转效应，可以适当进行修正。从以上所举球例来看，平行线解球原理是可行的，而且是科学的。

160

目标球二倍对称点

b1　　　m

k　　a1
主球二倍对称点

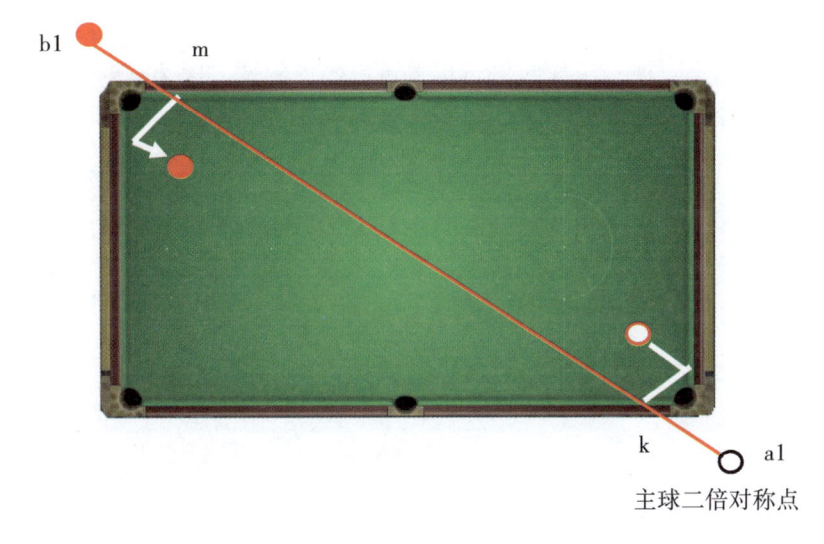

图4-55　平行线四库解球

（二）上下岸反弹解球的有趣几何现象——多倍对称点

大家都听说过S形球路和W形球路，就是主球通过上下岸之间的两库或三库运动命中目标球。关键是如何方便地找到这个解球点？

吕佩先生于2013年在一倍、二倍对称点基础上又创新发展了N倍对称点的概念，就是在一倍对称点基础上加倍，形成二倍对称点、三倍对称点、四倍对称点，从而得到一套新的解球体系，这套体系适用于上下岸反弹解球。

1. 主球与目标球离上岸距离相等时

当主球与目标球离上岸距离相等时，主球瞄准一倍对称点就可以一库解球，瞄准二倍对称点可以两库解球，瞄准三倍对称点可以三库解球。

同理，瞄准四倍对称点可以四库解球，因为球路较长，对力度控制和旋转修正的要求比较高。

如图4-56所示，由于N倍对称点离岸边太远，凭眼力很难掌握，因此这些解球点可以在上岸找到比例关系来解决：

在上岸的ab线段里，1/2点c是一库解球点，1/4点d是两库解球点（要进行旋转修正），1/6点e是三库解球点，1/8点f是四库解球点（要进行旋转修正）。

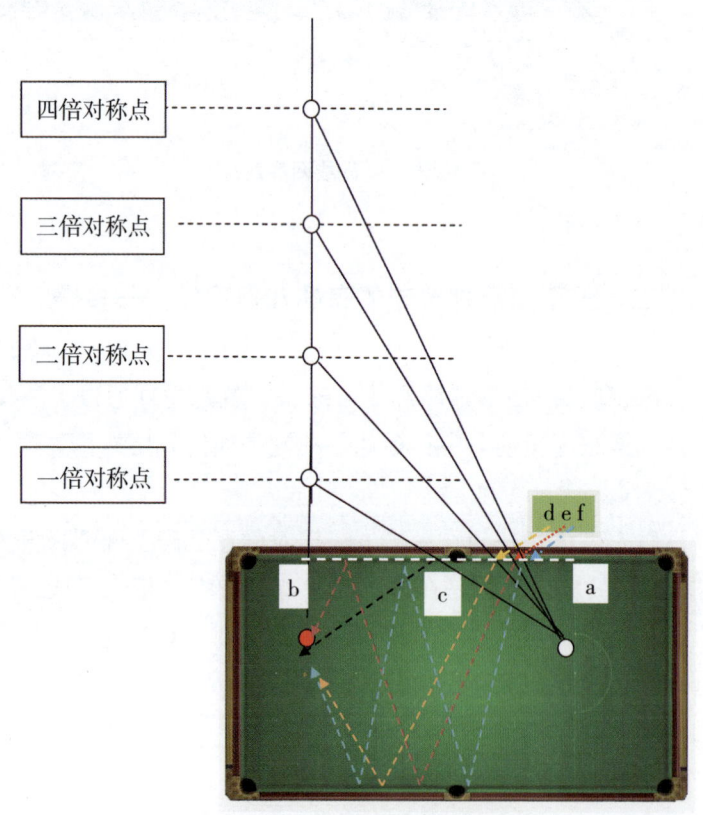

图4-56　N倍对称点解球示意

考虑到台球碰岸发生旋转，逢单倍数时要修正。但上下岸反弹时，平行线的修正规律不同于两岸直角的情况，应该向后修正。

2. 主球贴下岸边时

当主球贴下岸边，则一库解球点瞄准一倍半对称点，在两球距离的右起2/3处；两库解球点瞄准二倍半对称点，在两球距离的2/5处（要进行旋转修正）。

三库解球点瞄准三倍半对称点，在两球距离的2/7处，在上岸ab线段里的比例关系为原来比例的分子分母都加1即可（图4-57）。

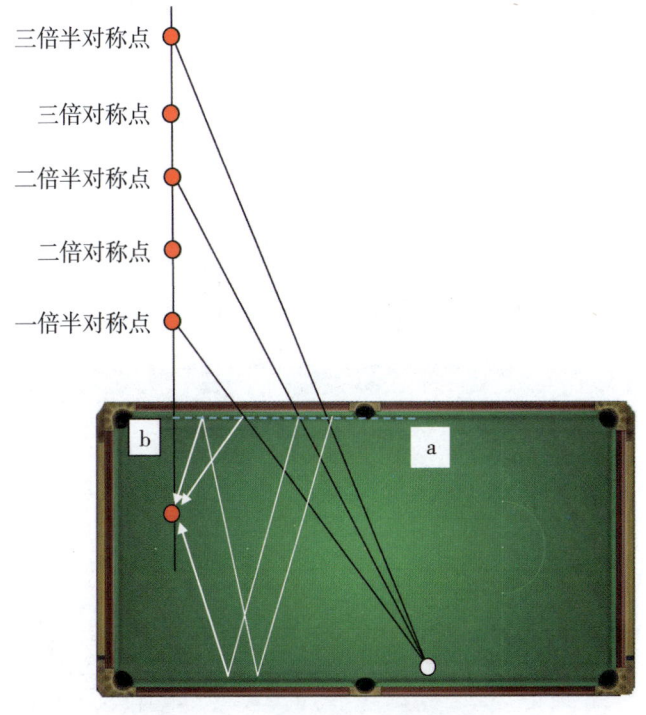

图4-57　多倍对称点反弹解球

1/2改为	2/3点为一库解球点
1/4改为	2/5点为两库解球点
1/6改为	2/7点为三库解球点
1/8改为	2/9点为四库解球点

3. 主球贴下岸且目标球贴上岸时

当主球a贴下岸，目标球b贴上岸，由图4-58可见，球路由三段直线组成，形成一个S形，两库解球瞄准点可由两球的一倍对称点连线求得。但找两球一倍对称点较为复杂，还是先在上岸边找到垂直线，也就是主球在上岸边的对应点，取目标球与主球对应点的1/3处就是解球瞄准点。

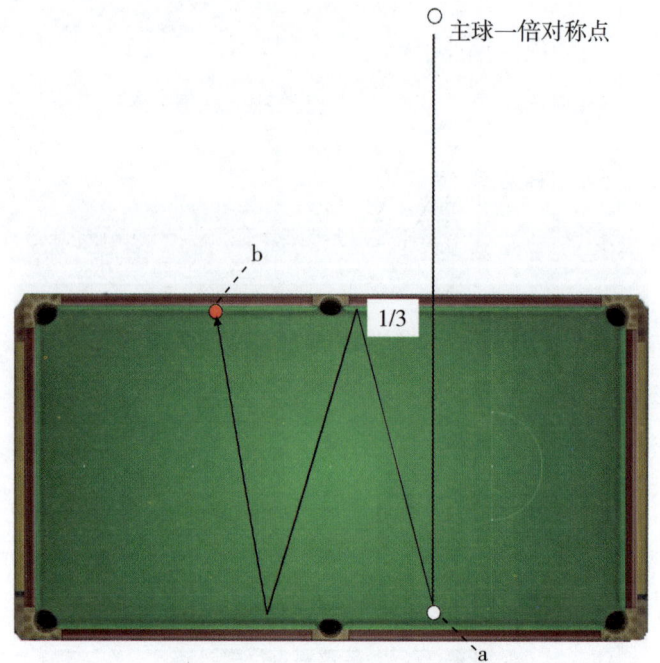

图4-58 主下红上S形反弹解球

（三）按球路比例关系上下岸反弹解球

吕佩先生对球台上球的位置间相互关系进行研究，又发现一个十分有趣的现象，就是按球路长短比例关系来确定解球瞄准点。这是吕佩先生又一突破性创造，我们举几个特例来说明。

1. 横向球台的解球

【球例1】当两球离上岸距离相同时，两库解球。

设想主球经两库击中红色球，其路径由四段球路组成，所以两库解球点就是两球在底库边对应点距离的1/4处，按球路比例反弹两库解球（图4-59）。

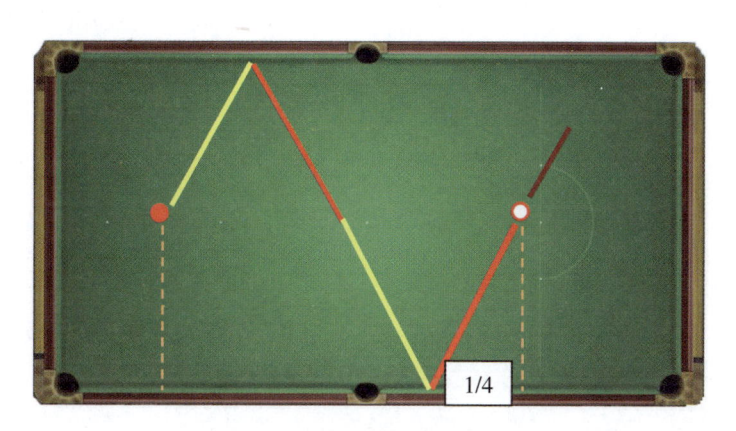

图4-59　按球路比例反弹两库解球

【球例2】当两球离上岸距离相同时，三库解球。设想主球经三库击中红色球，其球路可以由六段球路组成，所以三库解球瞄准点是两球在上库边对应点距离的1/6处（图4-60）。

台球技法解析

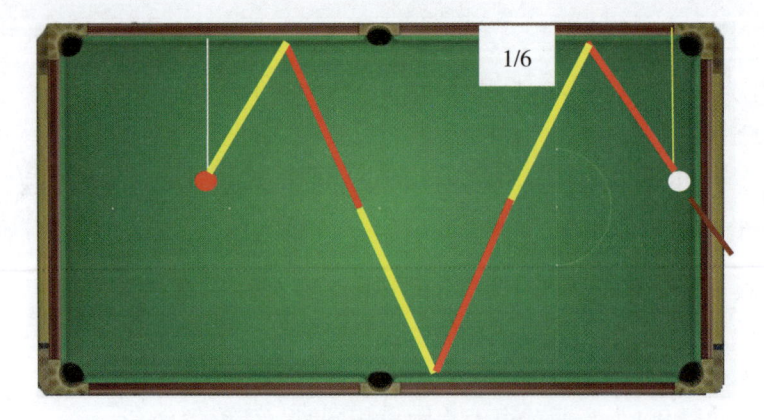

图4-60　按球路比例反弹三库解球

【球例3】当主球在下岸边时，两库解球。设想主球经两库击中红色球，其球路由五段路径组成，所以可取两球在上库边对应点距离的2/5处为两库解球瞄准点（图4-61）。

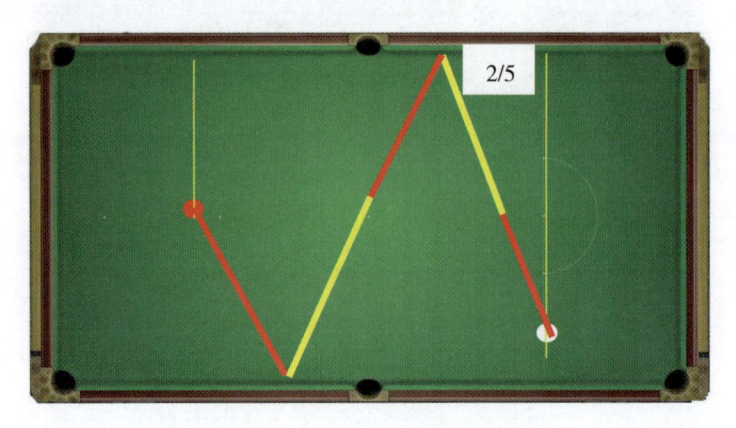

图4-61　主下红中两库反弹解球

【球例4】当主球和目标球各在上下岸边时,两库解球。设想主球经两库击中红色球,其球路由三段球路组成,所以取两球在上库边对应点距离的1/3处为两库解球瞄准点(图4-62)。

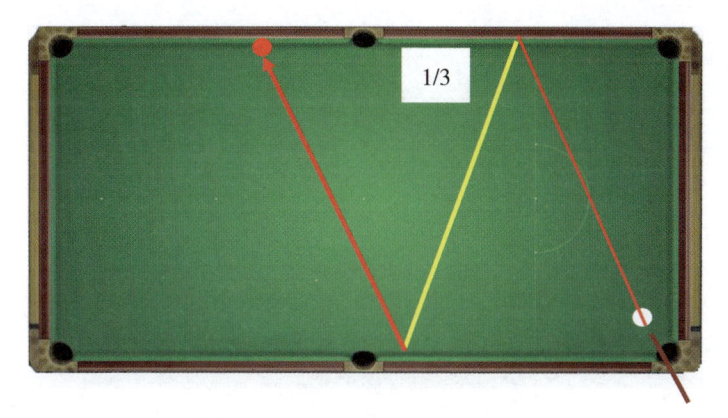

图4-62 主下红中两库反弹解球

【球例5】当主球和目标球各在左右岸边上下时,两库解球。设想主球经两库击中红色球,其球路由六段路径组成,所以取两球在上库边对应点距离的1/6处为两库解球瞄准点(图4-63)。

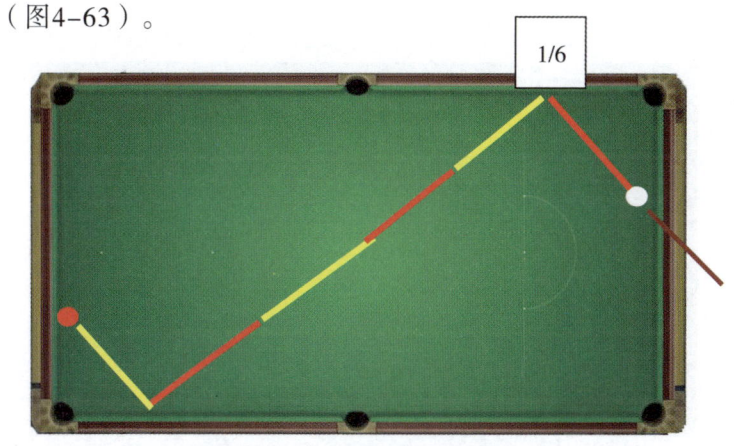

图4-63 左右库边两库解球一

167

【球例6】当主球和目标球各在左右岸边下方时，两库解球。设想主球经两库击中红色球，其球路由八段路径组成，所以取两球在上库边对应点距离的3/8处为两库解球点（图4-64）。

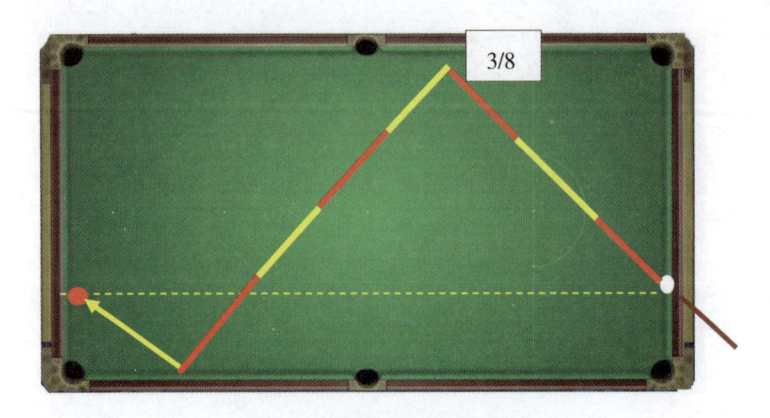

图4-64　左右库边两库解球二

【球例7】当主球在右上角袋口，目标球在左岸下侧。设想主球经两库击中红色球，其球路由十一段路径组成，可取两球在下库边对应点距离的4/11处为两库解球点（图4-65）。

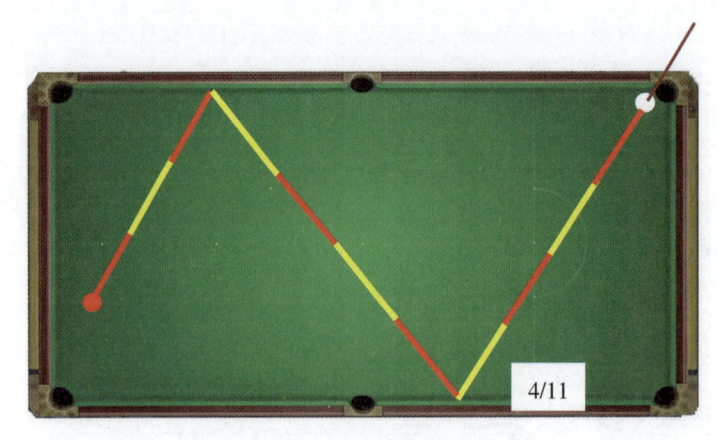

图4-65　左右库边两库反弹解球

在上述例子的实践中，要考虑两库时的旋转效应，适当采取修正方法。在确定球路的分段时，一般均要考虑球路中最短的路段作为基准，如上例中取4/11，就是考虑了红色球处的最短路径。

以上是对横向球台的情况，对纵向球台是否适用呢？

2. 纵向球台的解球

【球例1】两球各在左右两边中部，两库解球。设想主球对红色球两库击中，其球路由四段组成，则瞄准点为两球在右库边对应点距离的1/4处（图4-66）。

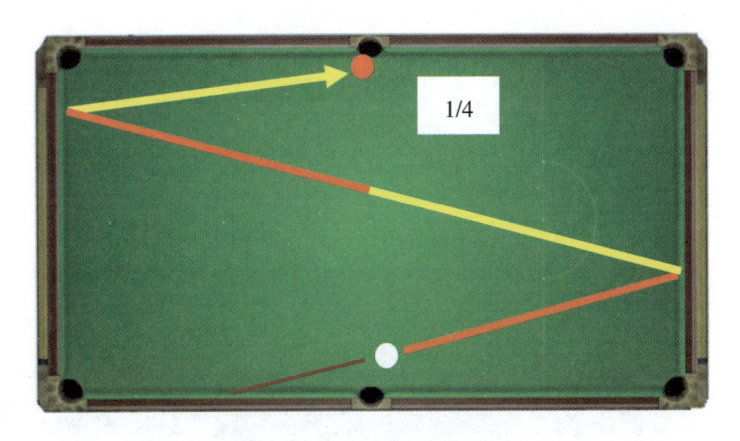

图4-66　纵向两库反弹解球

【球例2】当主球在右下侧角袋口，设想主球两库击中红色球，球路由五段组成，瞄准点为两球在右库边对应点距离的2/5处（图4-67）。

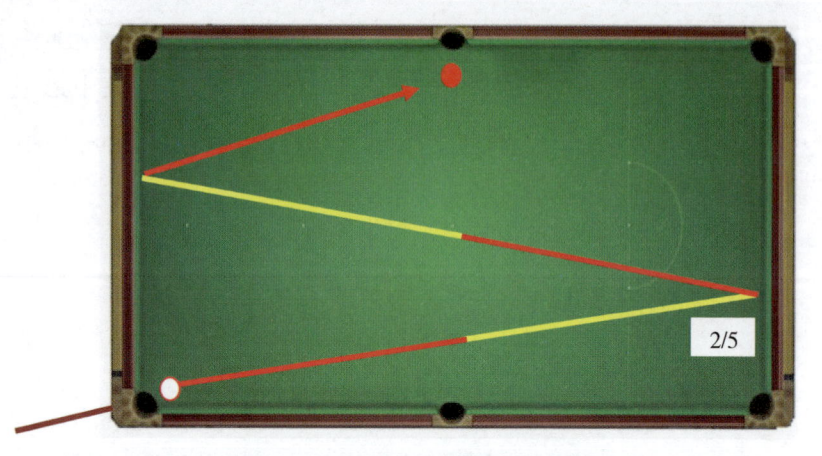

图4-67　主下红中两库反弹解球

【球例3】两球各在左上和右下角袋口，两库解球。设想主球经两库击中红色球，球路由三段组成，瞄准点为两球在右库边对应点距离的1/3处（图4-68）。

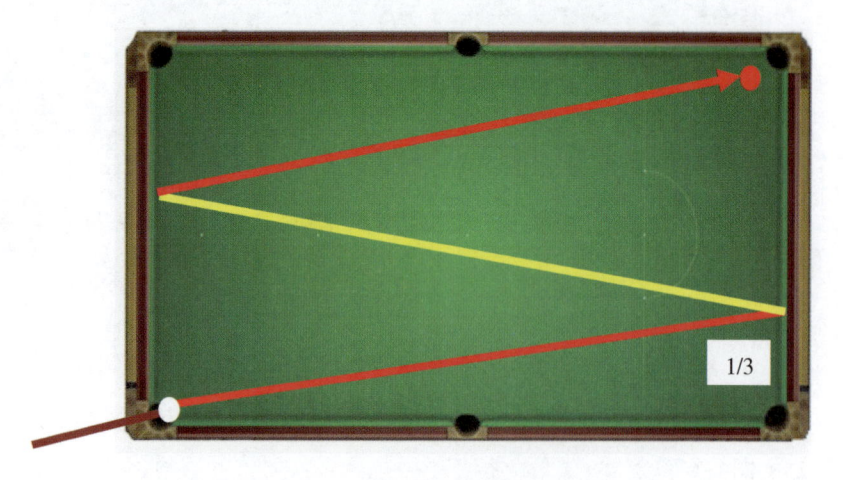

图4-68　主下红上两库反弹解球

【球例4】两球各在左右边库，两库解球。设想主球经两库击中红色球，球路由六段组成，瞄准点为两球在右库边对应点距离的1/6处（图4-69）。

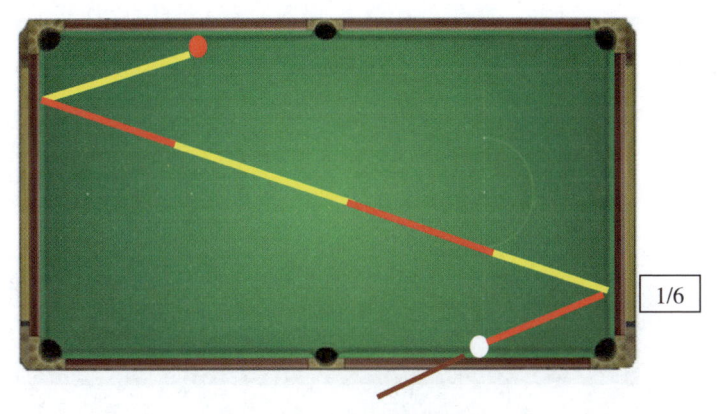

图4-69　主上红下两库反弹

【球例5】两球在左右边库同侧，两库解球。设想主球经两库击中红色球，其球路由八段组成，瞄准点为两球在上库边对应点距离的3/8处（图4-70）。

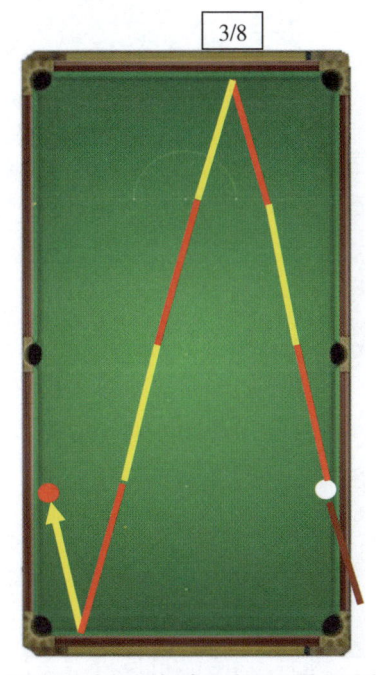

以上说明，不管对横向球台，还是纵向球台，按球路的分段数来确定瞄准点位置的技法原理都是适用的。

那么对一些球路线段比例不很明确的情

图4-70　主球与红色球左右同位的两库解球

171

况，是否也可应用这种技法呢？

3. 不规范球位的解球

如图4-71示，两球的位置不规范，球路分段就比较难。但发现两球对中心线上下有点对称性，如果要两库击中，可以考虑按两球距离的1/4处来确定瞄准点。如果要分段，可考虑按3/10处为瞄准点。

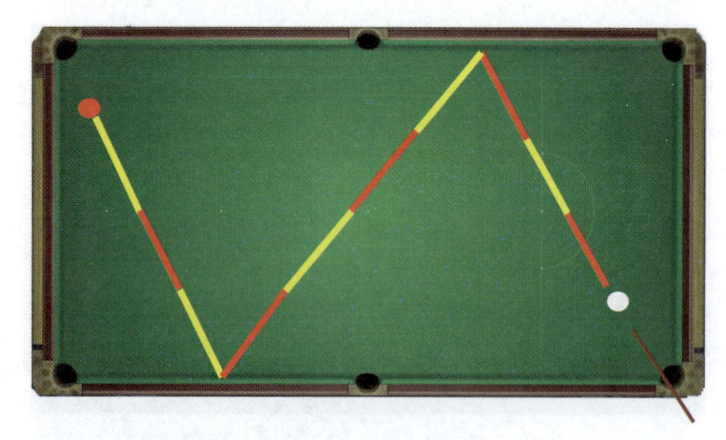

图4-71 不规范球位

两者虽有些误差，但在判定位置比例时，也会有误差。所以，按球路比例的技法也是可以考虑采用的。

在实际比赛中，就是世界级球员有时也会发生误差，但是一般在第二杆就可以修正过来。

上述所介绍的例子再次说明，在长方形的球台上，两球的位置关系都会形成一种几何比例关系，从而为计划球路提供了机会。

有人会问，你是根据什么原理确定球路的分段的？这主要是凭借经验，在脑海里设想一个球路，按台中心线来判断每段长度，当主球在中心线上时，一般取半段或1/4段；当主球、目标球在上下岸时，一般取一段。

从对称点的关系分析，也可以大致确定球路的走向。所以，按球路的比例关系确定解球点是有一定科学道理的。

（四）利用斯诺克解球体系应该注意的问题

上面介绍了吕佩先生研究的四种斯诺克解球技法，包括对称点法、平行线法、多倍对称点、S形反弹解球法和按球路比例反弹解球法。初学者在开始练习时，第一杆往往会出现误差，以下几点要特别注意：

1. 对称点位置

在确定对称点时要摆对位置，对称点是指台球相对与球台内侧岸边的球迹线距离相等垂直的点，目测距离虽不能做到绝对准确，但也要近似准确。因为位置误差大了，一库瞄准点误差就大。

特别是二倍对称点是相对于角袋袋口的两边岸球迹线相交处，要求摆得基本近似就可（图4-72）。要注意培养空间观，有利于斯诺克解球的准确性。

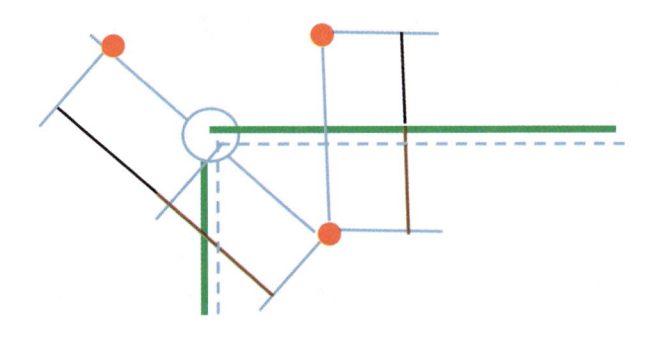

图4-72　球迹线与对称点

2. 旋转修正量

在练习平行线两库解球时，对旋转修正量不好掌握，容易出现误差，对旋转修正量或多或少都会出现偏差。特别是忽略主球与目标球离右边岸距离的比例关系，会影响旋转修正点的位置。

（1）主球与目标球距离之比为1∶2、入射角在45°时，瞄准点在平行线间的一半距离处，一般旋转修正量约一个球径左右。若入射角小于45°，加大修正量，反之则减少修正量（图4-73）。

（2）主球与目标球距离的比例变化时，瞄准点离角袋距离随比例成反比调整，如1∶4时，瞄准点距离角袋为3/4处，入射角为45°，旋转修正量为一个球径左右。若入射角小于45°，加大修正量，反之则减少修正量。

如果是3∶4时，瞄准点距离角袋为1/4处，修正同上（图4-74）。

（3）在多库解球时，什么情况下，如何进行旋转修正？

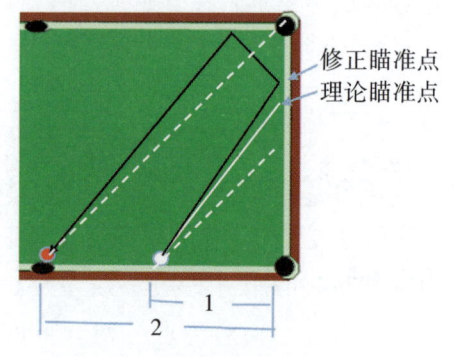

图4-73　主目距离1∶2时

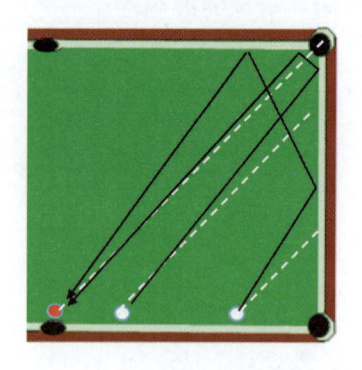

图4-74　主目距离1∶4和3∶4时

要区分两种情况，一种是边岸摩擦力相互垂直的情况，一库和两库时摩擦力方向是开放式，修正点向前（黑线所指，图4-75右侧）。

另一种是上下边岸摩擦力平行的情况，一库和两库时摩擦力方向都是向后的，修正点向后（黑线所指，图4-75左侧）。

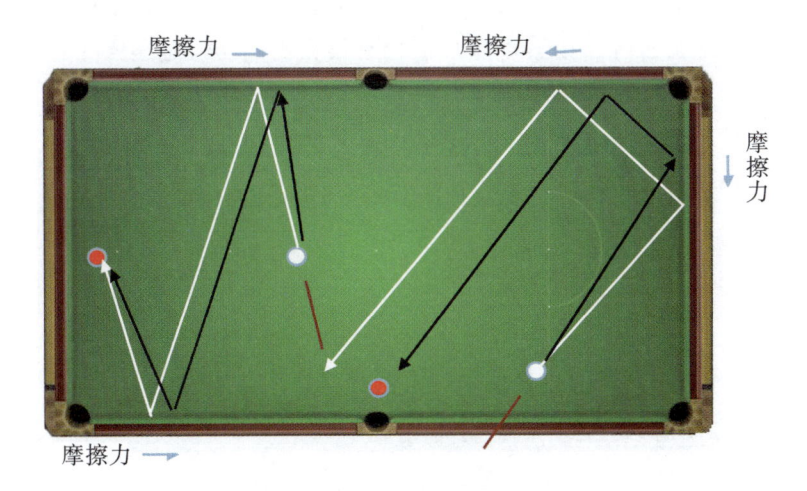

图4-75　★旋转修正示意

关于修正量的确定，主要靠平时多多练习和体会，就可以根据入射角度和离岸距离的比例以及边岸情况，来决定修正方向和修正量。

四、走位技法练习

要在台球比赛中获得分值或打进更多的球，必须熟练掌握走位技法，做到一杆获得很高分值，英文称为Break，台球高手们一杆可以拿到100分以上，甚至147分，主要依赖于熟练准确走位。

实际上走位所应用的技法都是一些基本杆法，不外乎是跟、缩、顿、定、加塞等，但要打好走位，很重要的一点是瞄准、击点、力度的三位一体，缺一不可。你瞄得很准，击点选择也对，但力度不够，同样到不了位。要做到三位一体，没有捷径可走，只有苦练。

苦练不是蛮练，而是要巧练，要依靠科学。不少台球运动员靠自己埋头苦练，摸索规律，也会有很大提高。但是还要注意尽量利用可能的条件，得到一些台球教练员的指导，及时发现存在的问题，有针对性地改正，这样练习效果会更好。

下面是十几种典型走位技法练习，供大家参考。

（一）跟进走位练习

（1）**练习目的**：掌握主球击落目标球后的跟进走位。

（2）**练习方法**：对五分球用高杆打进腰袋后，主球继续跟进一库后折向右侧，以便击打红色球（图4-76）。

图4-76 ★跟进走位

（二）低杆走位练习

（1）**练习目的**：掌握低杆走位技法。

（2）**练习方法**：在球台两边各放几个红色球，主球用低杆将红色球打入角袋后再后缩一库实现远距离走位，根据走位方向确定击点位置。如一库向右，取左下击点（图4-77左侧）；反之，则取右下击点（图4-77右侧）。由于一库走位比较远，要注意力度。

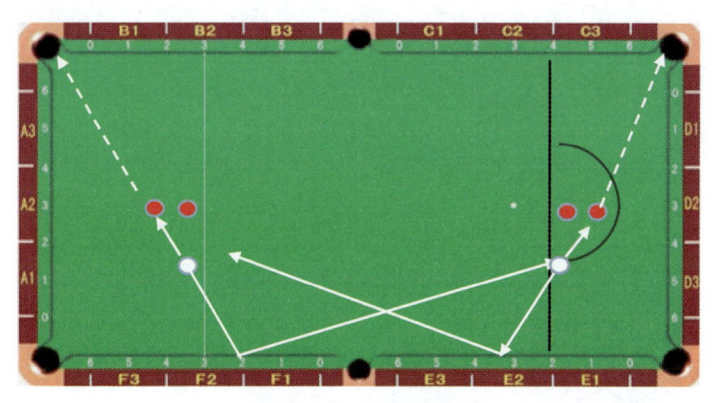

图4-77　★低杆走位

这样先左后右，来回练习，要求低杆强劲后缩到位，走位准确。

（三）左红色球、右低分球走位练习

（1）**练习目的**：掌握主球先打左边红色球入角袋后，走位到右侧打低分球入袋的技法。

（2）**练习方法**：在左台面上摆一串红色球，要求前两个红色球对应右侧的两分球，主球依次击打前两个红色球入角袋后走位到右侧适当位置，打两分球入右上角袋，共左右来回两次；再依次击打第3、4个红色球入角袋后，走位到击打三分球的位置，也是来回两次；最后到左侧将第5、6个红色球逐个击落角袋后，将四分球击落右上角袋。这样每两个红色球对一个低分球，总共来回六次（图4-78）。

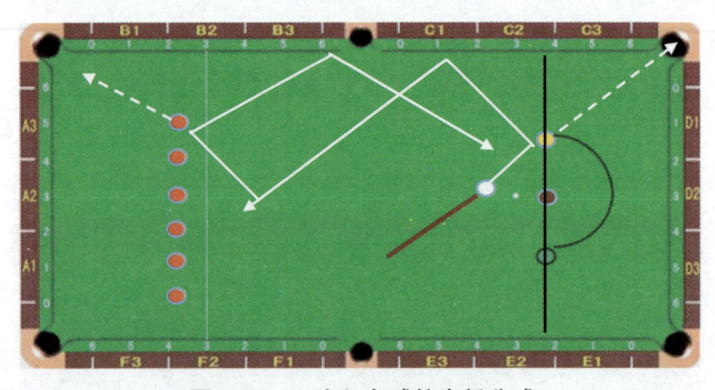

图4-78 ★左红色球校右低分球

由于每次红色球与低分球的位置均不同，因此要考虑用哪个击点？用多大力度？球路怎么走？经过多次练习达到胸有成竹的水平。

（四）四角红色球、中间蓝色球走位练习

（1）练习目的：掌握四角红色球和中间蓝色球的走位技法。

（2）练习方法：在四个角袋口各放两个红色球，球台中间放蓝色球。要求按一红一蓝的次序，先击落一个红色球入角袋后，走位到合适位置击打蓝色球入腰袋。在次序上可以从某一个角袋开始，打完两个红色球后再转打另一个角袋口红色球；也可以不限于角袋的次序，只要打一个红色球，再打一次蓝色球即可（图4-79）。

图4-79　★红蓝校位一

这个练习可锻炼学员根据球势确定采用什么击点和力度，是一项全面考核灵活应用能力和基本功的综合练习。

（五）横向一红一蓝综合练习

（1）练习目的：掌握蓝色球两旁一串红色球走位技法。

（2）练习方法：在蓝色球两旁摆几个红色球，主球先打红色球入腰袋，再走位到合适位置将蓝色球击落腰袋。依次一红一蓝，来回走位，也可以经一库走位（图4-80）。

图4-80　★红蓝校位二

179

（六）横向一红一粉走位练习

（1）**练习目的**：掌握粉色球两旁横向一串红色球的走位技法。

（2）**练习方法**：与蓝色球不同的是，粉色球要求斜向可入四个球袋，更具可选性红色球与粉色球横向（与球桌长边平行）摆放，先打进红色球，再打进粉色球，连续一红一粉地走位练习（图4-81）。

图4-81　★横向红粉校位

（七）纵向一红一粉走位练习

（1）**练习目的**：掌握粉色球两旁纵向一串红色球的走位技法。

（2）**练习方法**：与上例不同的是，红色球串在纵向，在视觉上有所不同，红色球与粉色球纵向（与球桌短边平行）摆放，先打进红色球，再打粉色球，连续一红一粉地走位练习。此种方法同样是击点和力度的综合能力考察（图4-82）。

图4-82 ★纵向红粉校位

（八）粉色球旁有十字红色球串走位练习

（1）**练习目的**：掌握粉色球旁十字红色球串走位技法。

（2）**练习方法**：这种球势对主球走位有较高要求，先要选择击打的次序，并设计主球的位置。如图4-83所示，第一红色球的选择应该是横向右端的球，跟进后就可以占据击打粉色球的有利位置。每一个球都要精心设计球路。

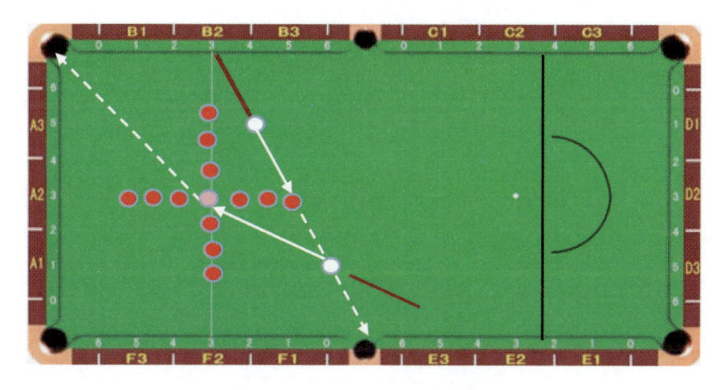

图4-83 ★十字红粉校位

181

（九）黑色球两旁十字红色球串走位练习

（1）练习目的：掌握黑色球两旁十字红色球串走位技法。

（2）练习方法：按照一红一彩的击球规则，在战术上应该先设法将黑色球上下的串球处理掉，为以后的走位提供空间。如图4-84所示，将下方红色球击落角袋后，为击粉色球入上腰袋提供条件。下一步又可将上方红色球击入左上角袋，依次进行。

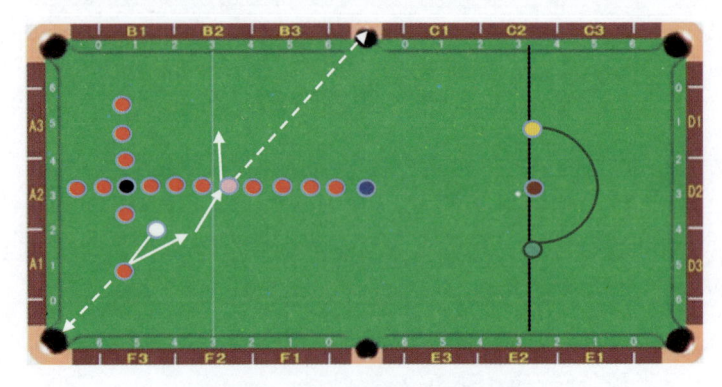

图4-84　★十字红黑或红粉校位

（十）黑色球和粉色球两旁双十字红色球串走位练习

（1）练习目的：掌握黑色球和粉色球两旁双十字红色球串走位技法。

（2）练习方法：双十字球阵的特点是主球的活动空间很受限制，这种球势给主球走位增加难度，对主球走位要求更高，考验球员的聪明才智。万一设计不当，就实现不了一红一彩的要求，要考虑先打哪个红色球，主球如何走位。

如图4-85所示，先打粉色球上串球前面的红色球，再打蓝色球。总体思路是先设法清理纵向串球，腾出空间以便击打横向串球。

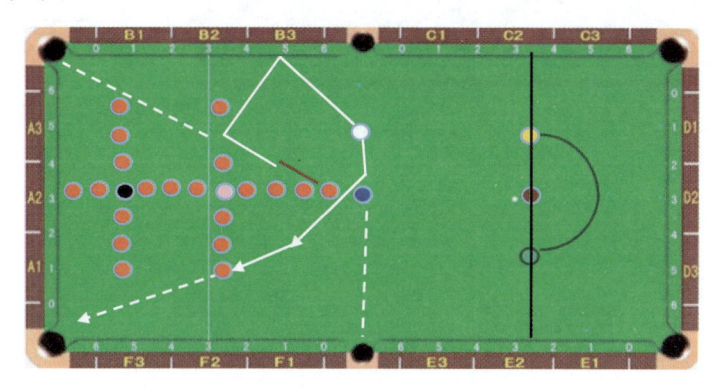

图4-85　★双十字一红一彩校位

（十一）主球对黑色球的基本走位练习

（1）练习目的：掌握打黑色球入袋后主球基本走位技法。

（2）练习方法：主球摆在黑色球上右侧、入袋夹角为30°处。主球在横轴上选取不同的击点，包括中上点、中下点、中高点、中低点，可以打出不同的球路来，这是走位练习最经典的技法练习，一定要认真反复练习，根据下一目标球的位置，确定采用多大力度，使得走位成功（图4-86）。

183

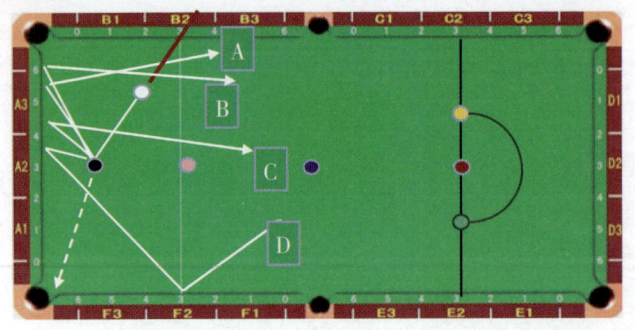

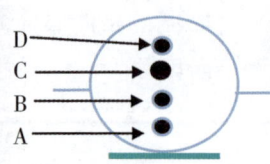

图4-86　★黑色球基本走位

五、清盘练习

清盘练习是台球练习的综合性科目，台球界有一种称呼为"校"，言下之意就是，打完某彩色球后要把主球走向下一球，就成为"校"，比如，七分球校两分球，就是打完七分球后走向打两分球的位置。

掌握清盘技法对于提高台球比赛中取胜概率占很大比重，水平高的可以一杆清盘。由于清盘的球势很复杂，有的全部球都有直接进球，有的就没有直接进球，必须踢球才可以，所以对走位的要求就很高，期望每一次主球走位都能达到较理想的位置。

斯诺克中一般清盘都是打完最后一个红色球后，从七分球校两分球开始。然后是：两分球校三分球，三分球校四分球，四分球校五分球，五分球校六分球，六分球校七分球。而中式八球和九球中的清盘则是开球后一杆打完，获得本盘的胜利。

清盘所用的杆法无非是高杆、中杆、低杆和加塞，主要是准度和力度控制。

（一）斯诺克的清盘练习

1. 七分球校两分球

（1）练习目的：掌握七分球校两分球技法。

（2）练习方法：通常主球对七分球的位置不外乎有如下六种情况（图4-87）。

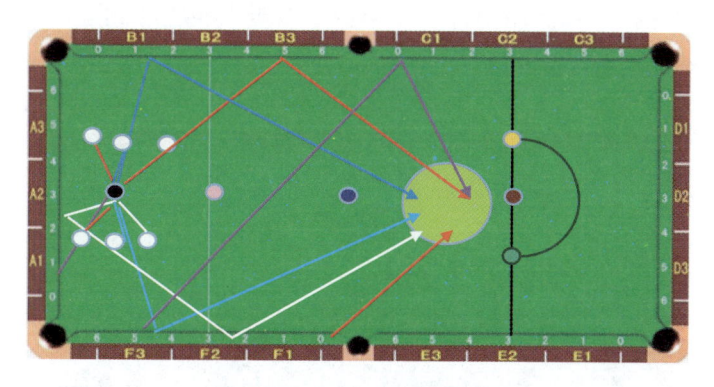

图4-87　★七分球校低分球

> 注
>
> 　　七分球校两分球的理想位置区用绿色表示，争取主球能走位到这个区，关键是控制好力度。

在七分球上侧，处于与七分球的直线上、在直线左侧反向击球、在直线右侧顺向击球，共三种情况。

在七分球下侧，处于与七分球的直线上、在直线左侧顺向击球、在直线右侧反向击球。

这样就有6条球路：

一是在直线情况下用低杆，左下或右下击点，后缩撞岸反弹。

二是反向情况下用高杆。

三是顺向情况下用低杆或高杆经两库反弹。

2. 两分球校三分球

（1）练习目的：掌握两分球校三分球技法。

（2）练习方法：将主球放在直线、反向和顺向三个位置，直线用低杆、顺向用高杆、反向用左下击点使主球到达利于击打三分球的位置（图4-88）。

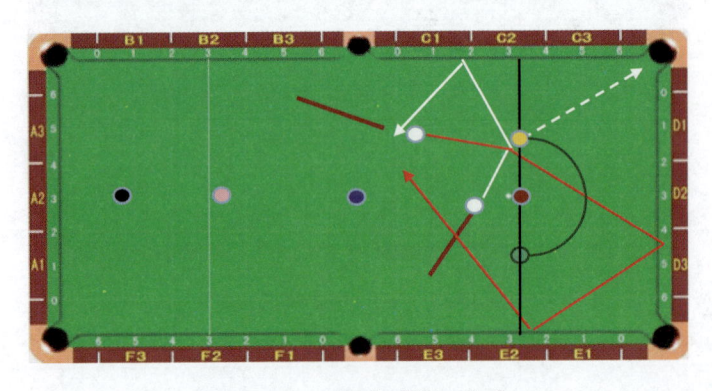

图4-88 ★ 两分球校三分球

3. 三分球校四分球

（1）练习目的：掌握三分球校四分球技法。

（2）练习方法：在三分球左侧设三个白色球位置，是直线、反向、顺向。

直线球用顿杆，顺向球用高杆，反向球用左下击点。掌握好力度（图4-89）。

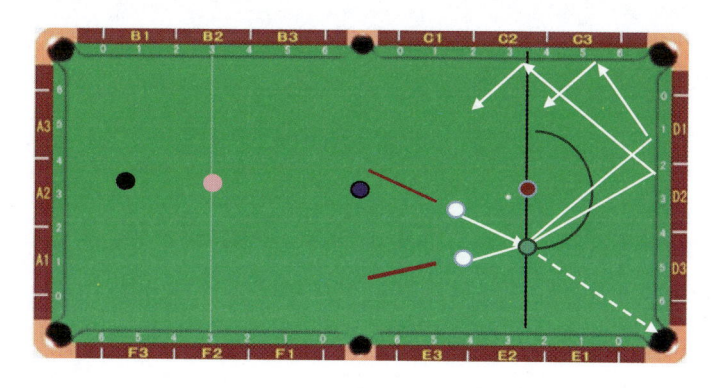

图4-89　★三分球校四分球

4. 四分球校五分球

（1）练习目的：掌握四分球校五分球技法。

（2）练习方法：在四分球旁设三个白色球位置，直线、反向、顺向。直线用低杆反弹；顺向用右下击点；反向用左下击点。力度要控制好，争取将主球校位到五分球的右侧（图4-90）。如果力度过大校到左侧，就要用大力两库走位来校六分球了。

图4-90　★四分球校五分球

187

5. 五分球校六分球

（1）练习目的：掌握五分球校六分球技法。

（2）练习方法：五分球校六分球的球路非常广泛多样，因为五分球可以选择六个球袋进球，一般有中袋直线球、中袋斜线球、角袋直线球，可以打出多种球路来校六分球。

①中袋直线球：用高杆或低杆，使主球位于原蓝色球位置上侧或下侧，但离粉色球较远。可以用中高杆顿球或中低杆顿球使主球向左偏移，靠近粉色球（图4-91）。

图4-91　★五分球校六分球一

②中袋斜向球：用右偏上击点或左偏下击点使主球两库反弹走位（图4-92），或用高杆右旋使主球经三库走位到粉色球右下侧。

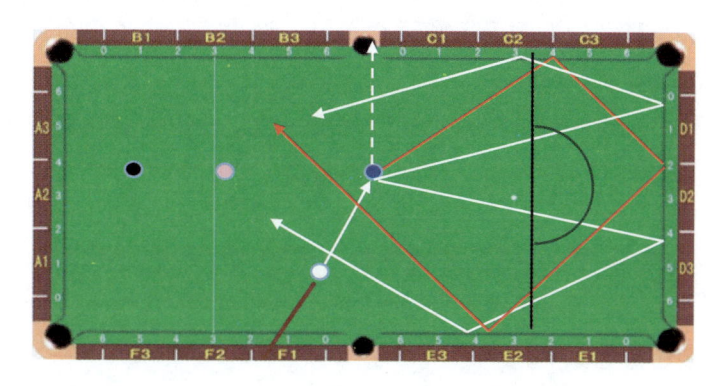

图4-92　★五分球校六分球二

③角袋直线球：采用中高杆顿球或中低杆右旋击点使主球三库走位到粉色球上下侧，也就是球台的B或F一侧（图4-93）。

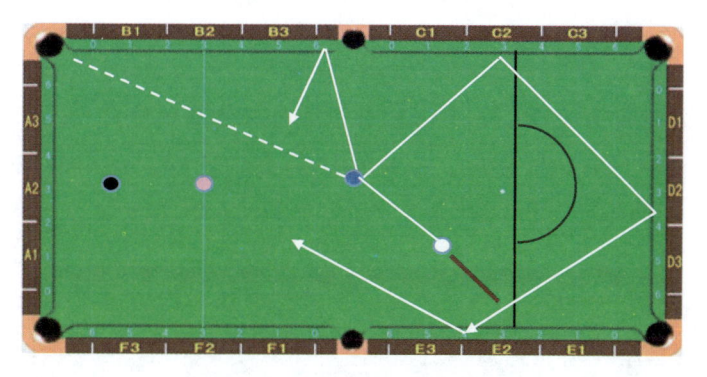

图4-93　★五分球校六分球3

6. 六分球校七分球

（1）练习目的：掌握六分球校七分球技法。

（2）练习方法：因为粉色球有四个球袋供选择，所以球路

189

很多。一般可分近距走位和远距走位，近距走位在半个台面内，远距在全台面。

①粉色球近距走位：直线跟进或分流，即用中高顿杆或中低顿杆，使主球跟进或向左移动一段距离（图4-94）。

图4-94　★六分球校七分球一

②斜向角袋走位：主球在粉色球右侧放两个位置——顺向和反向。顺向用高杆左旋，反向用中杆或中低杆，球路情况见图4-95。

图4-95　★六分球校七分球二

在练习时要体会击点、力度与方向、球路距离的关系。

③近距腰袋走位：主球对粉色球反向入腰袋，可用顿杆走位到七分球左上方，或用左下击点使主球回缩碰两库向七分球右侧（图4-96）。

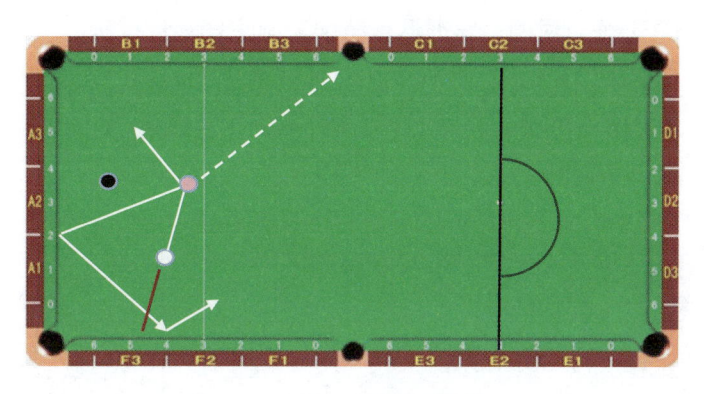

图4-96　★六分球校七分球三

④远距角袋走位：当主球与粉色球处于反向位置时，要校七分球只能采用远距走位，采用中杆右旋或低杆右旋使主球三库走位到七分球一侧，需要较大力度（图4-97）。

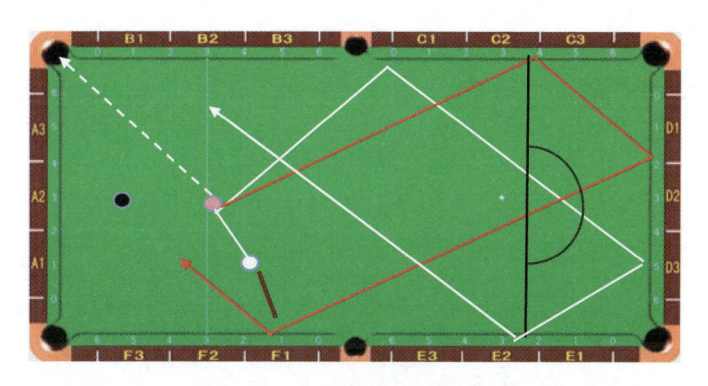

图4-97　★六分球校七分球四

（二）中式台球的清盘练习

1. 圆环形球堆主球走位练习

（1）练习目的：掌握低杆精细控制主球走位技法。

（2）练习方法：主球放在圆环球堆中间，第一击可以为自由球，主球不出圈，将8颗目标球打入袋中（图4-98）。建议先打底袋，用中袋球过渡。

图4-98　★圆环形球堆主球走位

2. 双蛇彩走位练习

（1）练习目的：掌握主球全局控球能力。

（2）练习方法：此练习方法在中式台球中较多练习，可以按照先打完一侧的红色球，再打另一侧红色球，最后打黑色球的顺序，也可以按照先打完一侧的1、3、5和对面一侧的2、4、6红色球后，再打完余下的红色球（也就是中式台球分全色球组和花色球组，先打完一组再打另一组），最后打黑色球（图4-99）。中途不能碰到其他球。

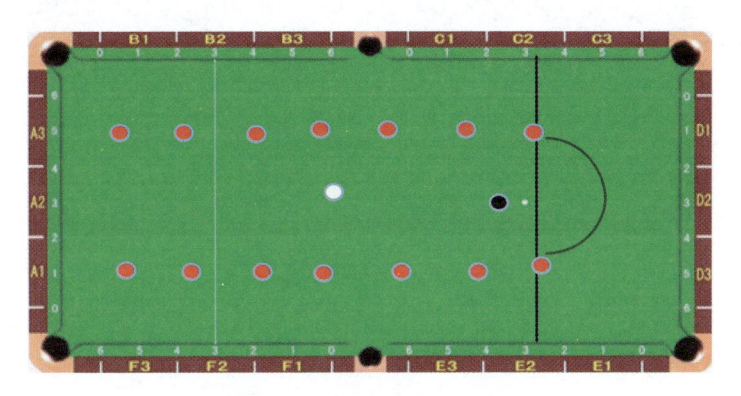

图4-99 ★双蛇彩走位练习

3. 蛇彩走位练习

（1）练习目的：掌握主球全局控球能力。

（2）练习方法：此方法在中式台球中较多练习，将十五颗球均匀排列在球台中间，主球第一击为自由球，要求以一杆清台为最终目的，主球不能碰到目标球之外的其他球（图4-100）。如主球碰到其他球，则要拿回重新打。

①不按顺序清台，但击球时需要对每颗球的走位有一定的意识。

②按照摆放的顺序，从一侧库边第一颗球打起，直到按顺序清台。

③按照号码从小到大的顺序清台，每颗球走位要精准、合理。

④主球从球台最中间一颗球打起，要求打进后按照左边进一颗球、右边进一颗球的次序清台。

图4-100　★蛇彩走位练习

六、跳球

跳球只有在九球和中式台球比赛中才能应用。跳球原理是增加球对台面的反弹力，就可以实现跳球。跳球的技法关键是出杆方向要准，球跳得远近要准，要求力度合适。

（一）跳球的步骤

初学者练习打跳球的三个步骤如下：
（1）练习把球跳起来。
球杆与台面的角度一般为30°～50°，由于击打台球时在球上产生向下的分力，青石板和台呢就会产生反弹力，使得球体跳起来，角度越大，跳起高度越高（图4-101）。
台球能否跳起来与击点位置有关，球杆方向不能超过球心，球杆角度大则跳得高，球杆角度小则跳得低。

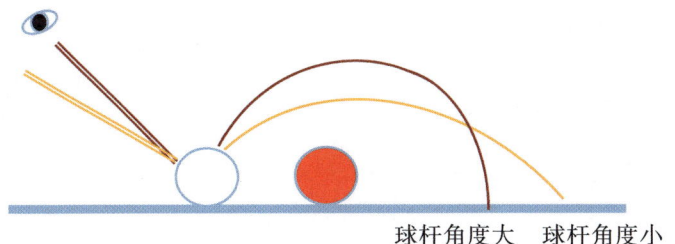

球杆角度大　球杆角度小

图4-101　角度与距离关系

（2）练习控制跳球的远近。

由于地心引力的作用，跳起的台球呈抛物线运动。同样的角度，不同的力度，抛物线的长度也不同，力度与距离成正比，力度大就跳得远，反之就跳得近。

练习时可以按同一出杆方向、不同力度进行观察，可以看到，力度小时距离近，力度大时距离远（图4-102）。

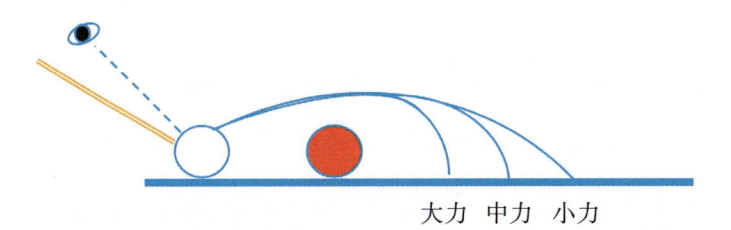

大力　中力　小力

图4-102　力度与距离关系

（3）练习控制跳球方向的准确度。

跳球的方向准确度十分重要，关系到跳球的成功率。准确的跳球方向，有的只要完成撞到目标球就行，有的要求把目标球击落球袋，因此，必须准确。

在出杆时必须将球杆方向摆正，连续运杆几次，保持方向的稳定性以后才出杆。

跳球的方向性练习方法如图4-103所示，一是全球瞄准练习；二是半球瞄准练习；三是薄切瞄准练习。关键是方向确定后，出杆要平直，出杆速度要果断、快速。一定注意要运杆几次后再出杆，切忌马虎、草率。

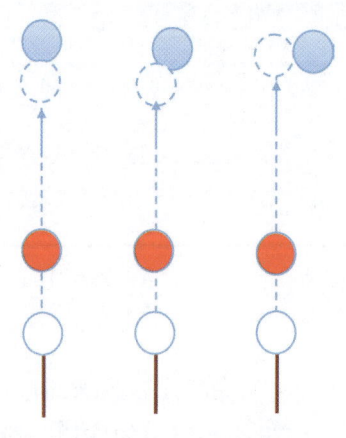

图4-103　跳球方向练习

（二）跳球的特例

一般采用跳球是在主球没法直接击打彩色目标球时，很少利用跳球碰岸后反弹击打目标球。例如：主球和目标球前面都有对方的实色球，主球只能采取跳球，但不能直接跳击目标球，所以，可以考虑利用远距离跳球碰岸反弹击打彩色目标球（图4-104）。

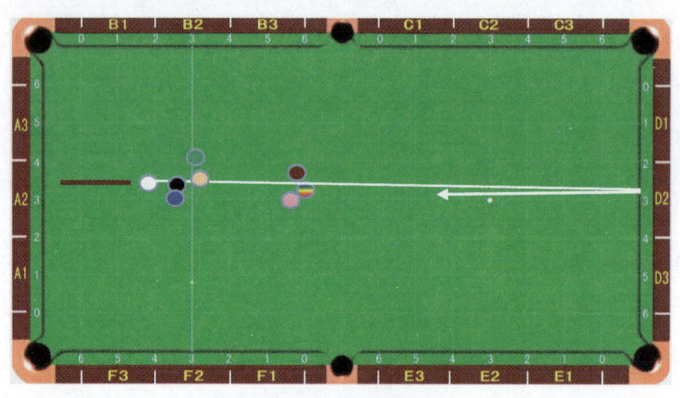

图4-104　跳球特例

七、组合球与贴边球

（一）组合球

组合球在九球运动中经常被利用，因为九球的台面较小，球体又较大，便于用来打组合球。特别是当九号球处于一个较理想的位置时，就可以考虑采用组合球将它打进球袋而获得胜利。

当两球或三球不相贴时，可以将它们调整成组合球来打，这时需要精确计算，看准前球入袋撞点的位置，将后球当主球，确定调整方向后，再计算主球的击打角度，这是一项很细致的工作（图4-105）。

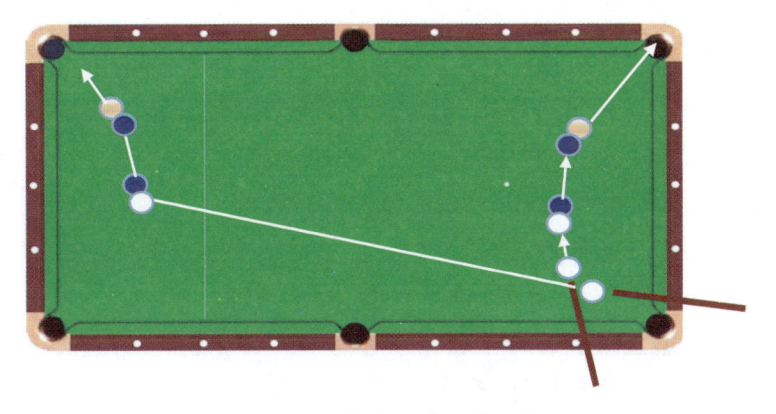

图4-105　松散组合调整示意

当两个目标球相贴，其指向偏离袋口，如果外侧球是九号球，这时要充分利用球与球之间的啮合效应，按照偏左打左、偏右打右的技法，将九号球旋入袋口。其基本原理是打左时使九号球右旋，打右时使九号球左旋（图4-106）。

图4-106 紧贴组合入袋

（二）贴边球

在九球和中式台球中经常出现近距或远距贴边球的状况，同时由于主球与目标球的位置，使得主球不容易直接击打到目标球的进球点。九球球桌的球袋与斯诺克和中式台球不同，球袋两侧不是圆弧型，呈棱角型。另外九球棱角型袋口更有利于利用球的旋转将目标球蹭入球袋，也就是主球先打到库边与目标球留出约2毫米的空隙，靠主球的旋转碰岸后蹭目标球入袋（图4-107）。

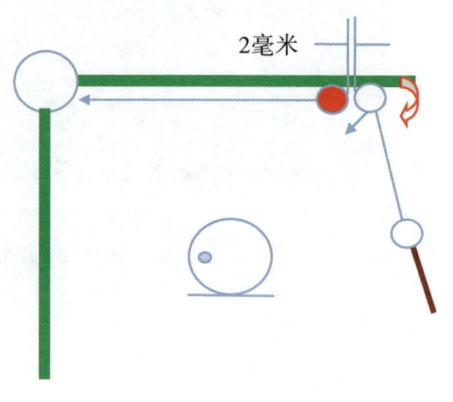

图4-107 贴边球

ern
第五章
花式台球基本技法

花式台球在国外已经盛行多年，但在国内尚未兴起，为了推广花式台球运动，为参加国际花式台球比赛做好技术准备，本书补充一些花式台球的基本技法。

一、串球的传递特性

所谓串球，就是紧挨的两个以上的几个球。

大家可能会忽视一个现象，就是主球击打一串台球时，只有串球的最前端球弹出去。如果主球通过三角架去撞击串球，那么这一串球都会发生运动。利用这一特性，就可以设计出各式各样的花式台球来（图5-1～图5-3）。

图5-1 单球弹出（主球击尾球，前球弹出）

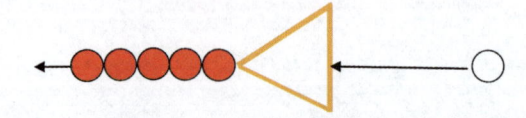

图5-2 串球随动（主球击三角架，串球依次随动）

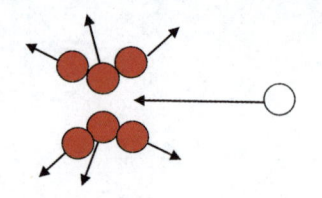

图5-3 分别弹出（主球击打中间两球，六球分别弹出）

【球例1】蛇形串球

只要前端两个球指向目的袋口，主球撞击蛇形串球尾部，前端球就可进入球袋（图5-4）。

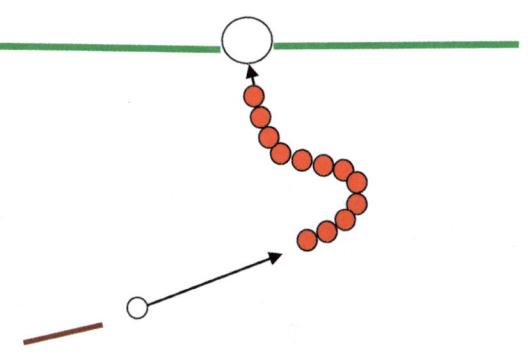

图5-4　蛇形串球入袋

【球例2】串球入袋

三角架紧贴串球，主球撞击三角架后，串球依次入袋（图5-5）。

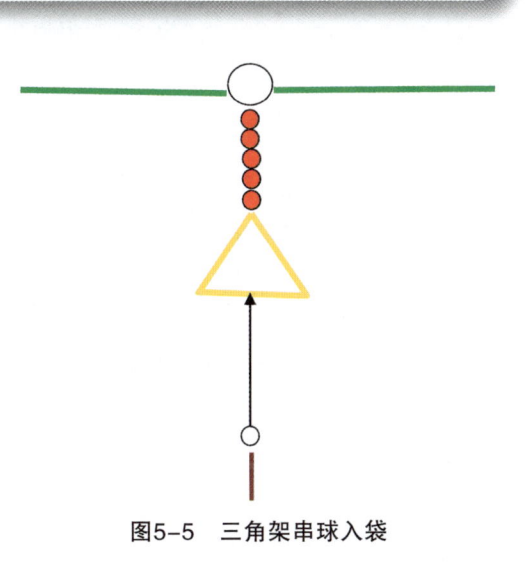

图5-5　三角架串球入袋

【球例3】分道扬镳

六个球，两两对准一个球袋，当主球从中间穿过时，分别进入球袋（图5-6）。由于两球摩擦旋转，所以在摆放时要有所偏差。

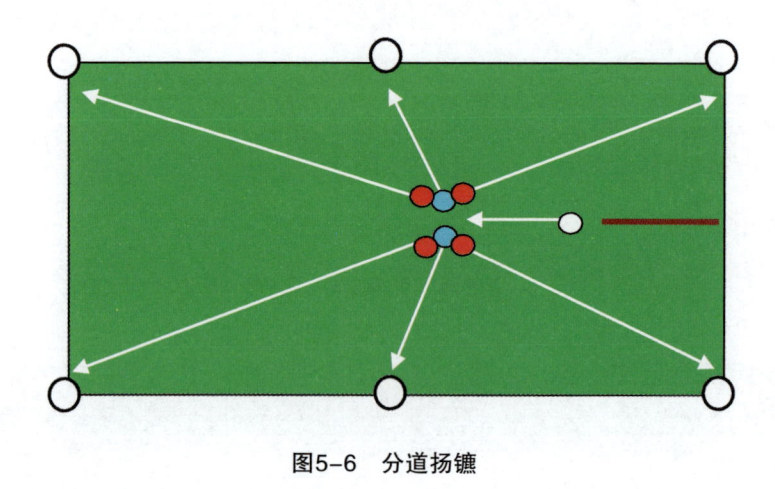

图5-6 分道扬镳

二、串球的旋转传递特性

【球例1】旋转传递

当两个以上串球的尾球发生旋转时，会逐个向前球传递，产生旋转传递效果（图5-7）。

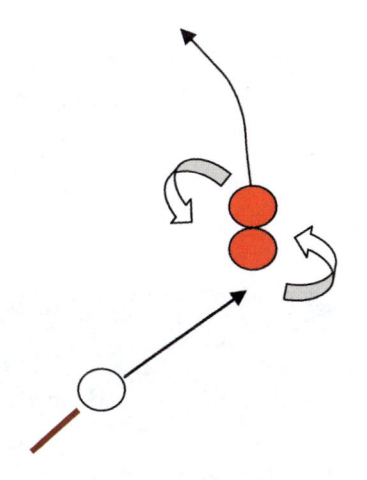

图5-7　旋转传递

【球例2】双旋转

主球击打后面的两个红色球，使之发生旋转，带动前面的两球旋转（图5-8）。

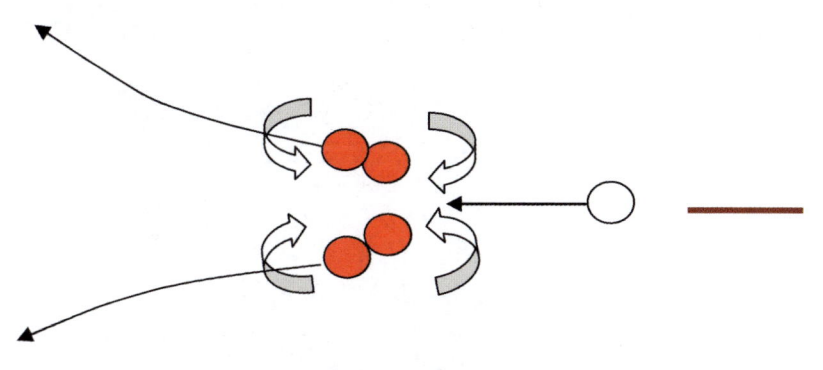

图5-8　双旋转

【球例3】转弯入袋

当两球紧挨，且偏向球袋一侧时，可利用旋转效应击球转弯入袋（图5-9）。

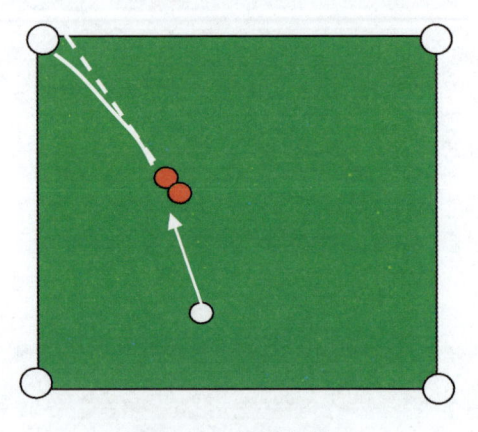

图5-9 转弯入袋

【球例4】击一落三

一红色球位于半台面中心处，另一红色球紧贴且指向角袋一侧，主球击打中心红色球使得两红色球分别落入角袋，白色球也随后落入角袋（图5-10）。

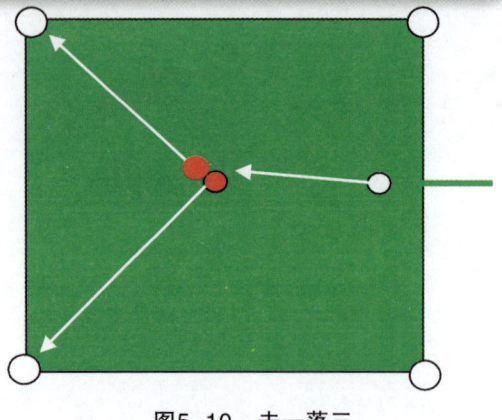

图5-10 击一落三

三、台球桌赋予球的弹跳特性

石板的坚硬度和边库胶垫弹性，使得台球能从桌面弹起，或使物体弹起（图5-11、图5-12）。

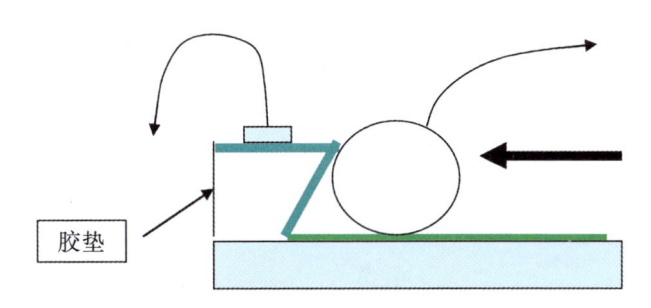

图5-11 主球撞边库，弹性传力给钱币使之弹起

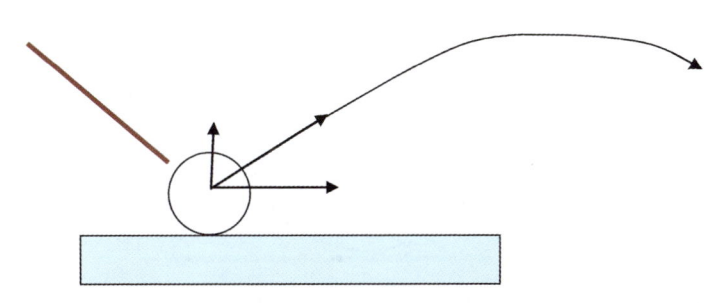

图5-12 由于青石板的反弹力使得台球能够跳起来

【球例1】跳过长串球

跳过长串球时，需要球杆与台面的角度小一些，有利于增加跳的远度，再有就是要增加力度（图5-13）。

台球技法解析

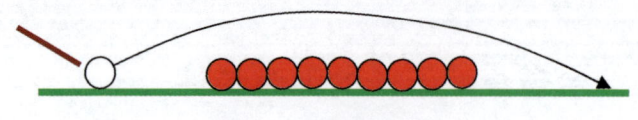

图5-13　跳过长串球

【球例2】钱币跳入杯

击打主球，主球撞岸，岸边的钱币受力跳起落入库边的纸杯内（图5-14）。

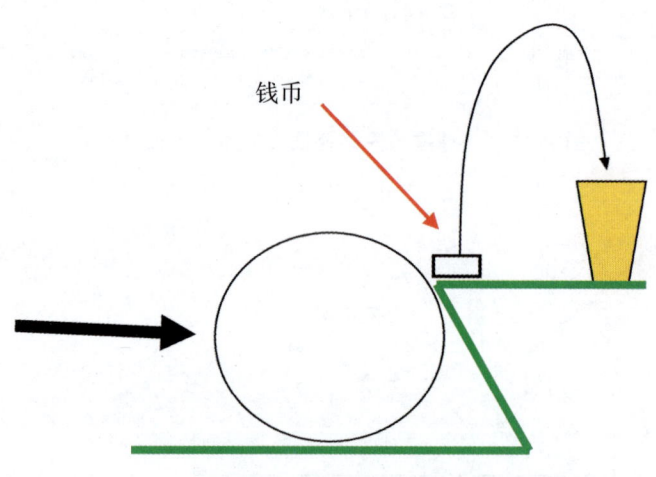

图5-14　钱币跳入杯

【球例3】跳球入篓

将球跳入竹篓用跳杆击打主球，跳过两颗球或其他障碍物，飞入竹篓中（图5-15）。

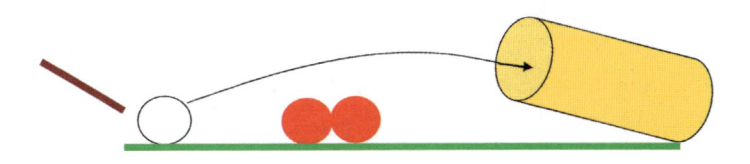

图5-15　跳球入篓

四、球杆的导向特性

球杆在花式台球中是重要的道具，台球与球杆具有良好的贴杆特性，球碰上球杆就会牢牢地贴在球杆上运动，这是很有趣的现象。

球杆架在角袋口可形成轨道（图5-16），球杆贴在边岸旁，台球会沿杆运动（图5-17），球杆还可以做障碍物或用几根球杆形成多个导向器等。

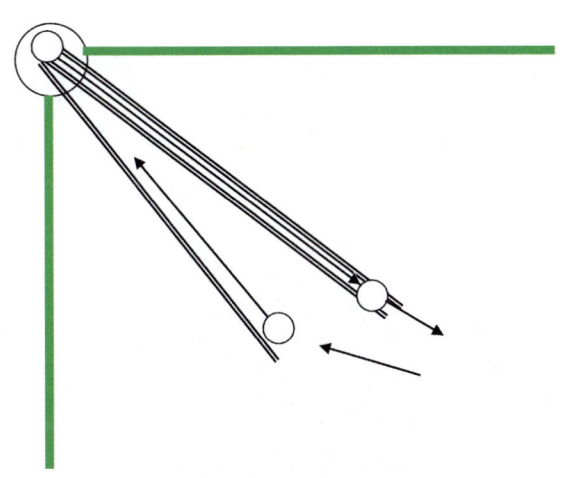

图5-16　球杆成轨道

207

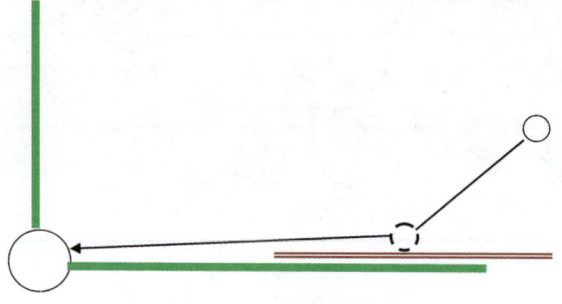

图5-17　台球沿球杆运动

利用球的特性设计几个花式，在比赛之余玩几杆花式台球，也很有意思。

【球例1】三库沿单轨入袋

主球经三库后弹向库边的球杆，碰落库边中袋的红色球后，沿球杆滑向角袋口，击落角袋口的黑色球（图5-18）。

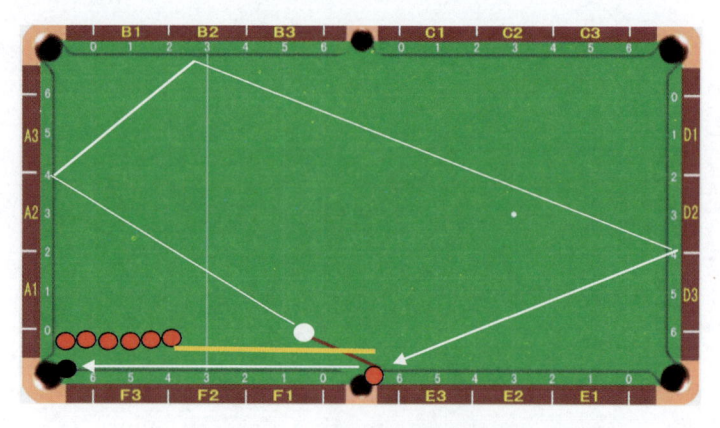

图5-18　三库沿单轨道入袋

【球例2】三库沿双轨入袋

主球经三库后进入底岸附近的球杆形成的岔口，再到角袋口，转弯后沿两根球杆形成的轨道下滑击中红色球，红色球落入中袋（图5-19）。

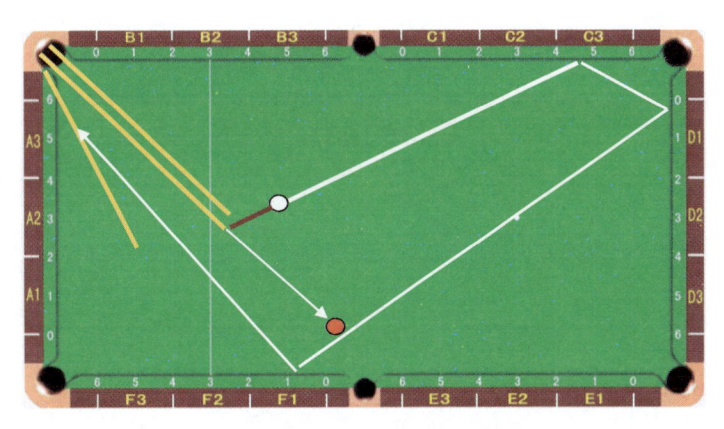

图5-19　三库沿双轨道入袋

五、台球的特殊角度特性

花式台球中有很多看似不可能或想象不到的球落袋，也有多颗球分别落袋等，多是利用台球的特殊角度特性把球打入袋。

【球例1】踢球入袋

主球撞击红色球串，第一颗红色球踢开绿色球和蓝色球后，黄色球前行到黑色球处落袋（图5-20）。

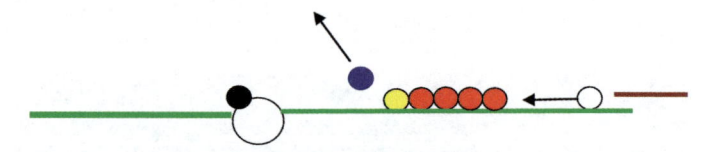

图5-20　踢球入袋

【球例2】挤落下腰袋

球杆击打主球后，擦过红色球使之被挤落入下腰袋（图5-21）。

图5-21　挤球入袋

【球例3】一杆五落

利用球之间的摩擦和反弹，实现一杆五球落袋（图5-22）。

图5-22　一杆五落

根据球的特性，可以设计出各种花式，在世界上可以说台球年年有新花式，非常精彩。